자신있게 중국어를 장악하려 면~~~

어린이중국어
짜장면~②

로우 시우롱(娄秀荣) · 나민구 지음
이종민 · 김인용 · 나여훈

정진출판사

저자 소개

1. 집필진

로우 시우롱(娄秀荣)
중국 동북사범대학 중국어과 졸업
심양사범대학 중국현당대문학 석사
경기도 외국어교육연수원 초빙교수
(現) 심양사범대학 국제교육학원 부교수

김인용
고려대학교 중어중문학과 졸업
(前) 분당 수내고, 늘푸른고등학교 중국어 교사
(現) 수원외국어고등학교 중국어 교사

나민구
한국외국어대학교 중국어과 졸업
프랑스 파리제7대학 동양언어문화대학원 석사
프랑스 사회과학고등대학원(EHESS) 중국언어학 박사
(現) 수원대학교 중국어학과 교수

나여훈
서울교육대학교 미술교육과 졸업
서울교육대학교 교육대학원 교육학 석사
(現) 서울 남성초등학교 교사
(現) 한국초등중국어교육연구회 회장

이종민
공주사범대학교 중국어교육과 졸업
경기도 중등중국어교육연구회 초대, 2대 회장 역임
(前) 효원고, 평택고, 안일여자종합고 중국어 교사
(現) 경기도 외국어교육연수원 교육연구사

2. 연구진

박정기
연세대학교 교육대학원 영어교육과 졸업, 교육학 석사
Western Kentucky University 대학원 졸업, MA in Tesol
명지대학교 대학원 영어영문학과 졸업, 영문학 박사
경기도 외국어교육연수원 연구사
(現) 경기도 교육청 학교정책과 장학사

김성철
한국외국어대학교 중국어과 졸업
한국외국어대학교 교육대학원 중국어교육과 졸업, 교육학 석사
경기도 중등중국어교육연구회 회장
(現) 경기도 외국어교육연수원 중국어교사 연수담당

임덕환
(주) 미디어트 편집실 근무
EBS '인물 한국사' 편집, 재능교육 홍보영화 제작
(現) 경기도 외국어교육연수원 온라인 교육팀 팀장

녹음 협조

리듬 젓가락

황 춘샤오(黄春晓) / 원어민
김수영 / 수원외국어고등학교 재학생
김혜정 / 수원외국어고등학교 재학생

맛보기

자오 톈밍(赵天明) / 샤오롱
초등학생. 주한 중국대사관 영사(領事)인 아버지를 따라 한국에 와 한국어를 배우고 있다.

리우 청하오(刘程昊) / 동동
초등학생. 서울대 박사 과정을 공부하고 있는 어머니를 따라 한국에 와 한국어를 배우고 있다.

마오 쟈치(毛佳琪) / 쟈쟈, 링링
초등학생. 이화여대 박사과정을 공부하고 있는 부모님을 따라 한국에 와 공부하고 있다.

지구촌에는 수많은 나라들이 있습니다. 그 중 중국은 여러분에게 어떤 나라인가요?

이런 이웃집이 있다고 생각해 보세요. 그 집은 식구가 많은지 늘 북적북적 시끌시끌합니다. 할아버지와 할머니는 늘 책을 가까이 하시는 멋지고 우아한 학자 같구요. 아버지의 사업이 잘 되시는지 해마다 집이 점점 커지고 멋있어집니다. 그 집에 사는 어린 친구들은 또 어찌나 똘망똘망하고 예쁜지……. 이런 이웃 어때요? 친해 보고 싶지 않나요?

우리나라 옆에 바로 이런 이웃나라 중국이 있습니다. 세계에서 가장 많은 13억 이상의 인구가 숨쉬고 있는 나라. 오천년이 넘는 역사와 전통, 심오한 철학과 사상을 간직하고 있어 여러분의 총명한 머리를 평생 써 볼 만한 가치가 있는 나라. 풍부한 자원매장량을 가지고 있고 해마다 엄청난 수준의 경제성장을 계속하면서 세계 최대의 시장이 되어버린 나라. 이 정도라면 친해지고 싶은 것이 아니라, 친해져야 할 것 같죠? 그러기 위해서 중국어가 꼭 필요함은 말할 필요조차 없습니다.

하지만 천리길도 한 걸음부터라는 거! 처음부터 쏼라쏼라 중국어를 잘할 수는 없지요. 그렇다면 기초 단계의 언어 공부에서 가장 중요한 것이 무엇일까요? **흥미**를 가지고 끈기있게 **노력**하는 것입니다. 흥미를 느끼지 못하면 공부하기가 싫고, 노력하지 않으면 실력이 늘 수 없으니까요. 이 책은 이 두 마리 토끼를 잡기 위해 최선을 다했습니다.

배울 내용을 그림을 보며 미리 상상해 보는 '무슨 맛일까', 스토리가 있는 본문 공부 '맛보기', 재미있는 발음연습 '비비기', 게임과 함께 중국어를 익히는 '곱빼기', 흥겨운 챈트로 중국어를 배워 보는 '리듬젓가락', 풍부한 표현연습을 할 수 있는 '꺼억 맛있다'와 간단한 문법 설명 '군만두 추가', 간단한 의문점을 해결해 보는 '단무지' 쉬어가며 배우는 중국문화교실 '디저트'까지! 이렇게 이루어진 매 과를 재미있게 익히다 보면 어느새 본문 속의 기초중국어를 완벽하게 소화하고, 더 나아가 즐겁게 활용하고 있는 자신을 발견할 수 있을 것입니다.

중국어를 **자**신있게 **장**악하려**면**?《어린이 중국어 자장면》을 통해 중국어의 매력에 흠뻑 빠져보십시요. 흥미를 느낄수록 더 많은 중국어가 배우고 싶겠죠? 이렇게 한발 한발 중국어를 시작하다 보면 언젠가는 빨리걷기도 할 수 있고, 얼마 후에는 뛸 수도 있겠죠?

여러분의 발걸음에 '자장면'이 함께 합니다. 준비되셨나요? 자! 파이팅입니다!

저자 일동

차례

目录

제1과
9 page

당신은 토요일에 무엇을 하나요?
星期六你做什么?
Xīngqīliù nǐ zuò shénme?

제2과
17 page

나는 걸어서 집에 갑니다.
我走路回家
Wǒ zǒulù huí jiā

제3과
25 page

당신은 저녁 몇 시에 자나요?
你晚上几点睡觉?
Nǐ wǎnshang jǐ diǎn shuì jiào?

제4과
33 page

나는 아이스크림이 먹고 싶어요.
我想吃冰淇淋
Wǒ xiǎng chī bīngqílín

제5과
41 page

콜라는 한 잔에 얼마인가요?
可乐多少钱一杯?
Kělè duōshao qián yì bēi?

제6과
49 page

엄마를 좀 도와줄 수 있겠니?
你能帮妈妈一下吗?
Nǐ néng bāng māma yíxià ma?

제7과
57 page

내 모자는 어디 있지요?
我的帽子在哪儿?
Wǒ de màozi zài nǎr?

제8과
65 page

나와 놀아줄 수 있어요?
你能陪我玩吗?
Nǐ néng péi wǒ wánr ma?

제9과
73 page

이것은 누구의 배드민턴 공인가요?
这是谁的羽毛球?
Zhè shì shéi de yǔmáoqiú?

제10과
81 page

밥 먹기 전에는 꼭 먼저 손을 씻어야 해요.
吃饭以前应该先洗手
Chī fàn yǐqián yīnggāi xiān xǐ shǒu

제11과
89 page

지금 몇 시인가요?
现在几点了?
Xiànzài jǐ diǎn le?

제12과
97 page

동동의 하루
东东的一天
Dōngdong de yì tiān

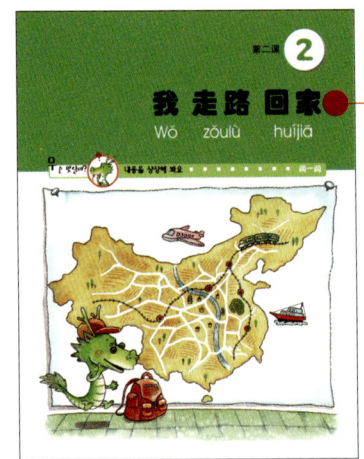

闻一闻 무슨 맛일까?

여러분 앞에 새로운 맛으로 무장한 자장면이 차려져 있어요.
코로 킁킁 냄새를 맡으면서 '무슨 맛일까' 생각해 보겠죠?
여러분의 풍부한 상상력이 꼭 필요한 코너예요. 매 과마다 재미있는
그림이 그려져 있어요. 때로는 본문과 직접적으로 연관된, 때로는 본문과
전혀 상관 없는 듯한 그림을 보면서 이번 과에서 배울 내용을 상상해 보세요.

尝一尝 맛보기

냄새를 맡으면서 충분히 맛을 상상해 봤다면
이젠 본격적으로 시식을 할 시간이예요.
여러분이 배워야 할 내용이
예쁜 본문 그림과 함께 제시되어 있답니다.
즐겁게 중국어를 맛보세요.

단무지

본문 속에서 궁금해 할 만한 간단한 의문점은
'단무지'를 통해 해결할 수 있습니다.

再来一点 곱빼기

자장면 한 그릇으로는 만족할 수 없는
여러분을 위해 마련한 코너예요.
정말 다양하고 재미있는 놀이들이
준비되어 있어요.
즐겁게 게임을 하다 보면 어느새 본문 내용이
머릿속에 차곡차곡 정리될 거예요.

拌一拌 비비기

아무리 맛있는 자장면도 먼저 비벼야 맛있게 먹을 수 있겠죠? 정확한 발음으로 더욱 맛있게 버무려지는 중국어!
까다롭다면 까다롭고, 재미있다면 재미있는 중국어의 발음을 예시단어와 함께 체계적으로 배워 보세요.

깨억~맛있다

'곱빼기'까지 배부르게 즐겨 봤겠죠?
먹는 것도 중요하지만,
소화시키지 못하면 안 되겠지요?
본문과 관련된 좀더 다양한 단어와 표현으로
중국어 실력을 개운하게 향상시켜 보세요.
'군만두 추가!'에는 본문과 관련된 주요
문법사항이나 여러분이 궁금해 할 만한 내용을
설명해 두었답니다.

节奏筷子 리듬 젓가락

쿵작쿵작~ 두둥두둥~ 영차영차~
여러분이 좋아할 만한 챈트와 흥겨운 음악으로 지금까지 배웠던 내용들을
다시 한번 익혀 보세요.
한번 들으면 절대 잊을 수 없을 거예요.

甜点 디저트

한 껍질씩 까 봐도 또 껍질이 있는 양파처럼,
한 가지 매력으로 설명할 수 없는 중국!
중국 문화를 통해서 중국과 중국어에
한 발자국 더 다가가 보세요.

★Dōngdong, Jiājia, Língling 등 같은 한자 두 자로 이루어진 이름의 발음은 《자장면 1권》에서는 학습의 효과를 위해 본 성조 그대로 표기하였지만, 2권에서는 일상생활의 쓰임대로 두 번째 발음을 경성으로 처리하였습니다.

동동이의 귀여운 여동생.
올해 네 살이 되었다.

링링(玲玲 Línglíng)

동동과 쟈쟈의 친구인 아기 용.
샤오롱이 어떻게 해서 동동의 동네에
오게 되었는지는 아무도 모른다.

샤오롱(小龙 Xiǎolóng)

명랑한 여자 친구.
동동이와 같은 반이다.

쟈쟈(佳佳 Jiājia)

쟈쟈와 같은 반 친구이며
링링의 오빠이다.
차분한 성격이다.

동동(东东 Dōngdong)

선생님(老师 lǎoshī)
쟈쟈와 동동의 학교 담임 선생님

星期六 你 做 什么?

Xīngqīliù　nǐ　zuò　shénme?

내용을 상상해 봐요　••••••••••••　闻一闻

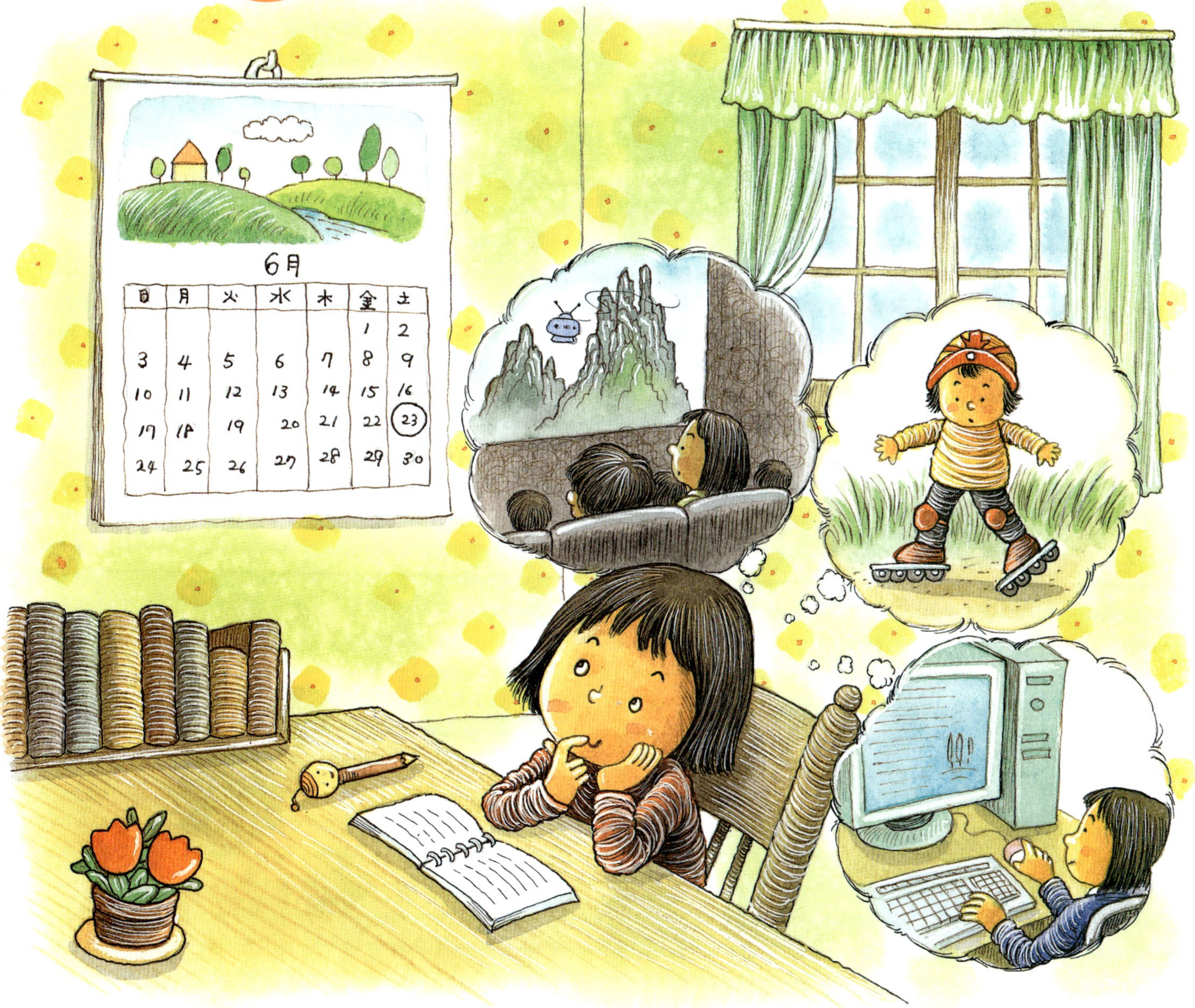

星期六 你 做 什么?
Xīngqīliù Nǐ zuò shénme?

小龙 Xiǎolóng	东东, 星期六 你 做 什么? Dōngdong, xīngqīliù nǐ zuò shénme?
东东 Dōngdong	我 和 佳佳 去 看 电影。 Wǒ hé Jiājia qù kàn diànyǐng.
小龙 Xiǎolóng	我 也 想 去。 Wǒ yě xiǎng qù.
东东 Dōngdong	好吧, 你 跟 我们 一起 去 吧。 Hǎo ba, nǐ gēn wǒmen yìqǐ qù ba.

샤오롱 : 동동, 너는 토요일에 뭘 하니?
동동　 : 나와 쟈쟈는 영화보러 갈 거야.
샤오롱 : 나도 가고 싶다.
동동　 : 좋아, 너 우리와 함께 가자.

단무지

요일 표현 방법을 알아볼까요?

월요일 : 星期一　xīngqīyī
화요일 : 星期二　xīngqī'èr
토요일 : 星期六　xīngqīliù
일요일 : 星期天　xīngqītiān

★ 기본 운모

ā á ǎ à   ō ó ǒ ò

ē é ě è   ī í ǐ ì

ū ú ǔ ù   ǖ ǘ ǚ ǜ

a o e i u ü

카드 게임 1

看书
kàn shū
책을 보다

看电影
kàn diànyǐng
영화보기

준비물 : 부록의 1과 플래시 카드

🟠 카드놀이를 통해 다양한 활동에 관한 표현을 익혀 봅시다.

• 먼저 카드를 보고 중국어를 익혀 봐요.
• 카드 찾기, 같은 카드 찾기 게임을 해요.
• 선생님께서 말씀하시는대로 카드 내려놓기 게임을 해요.

六！ 六！ 星期六你做什么？
电影！ 电影！ 我看电影。

天！ 天！ 星期天你做什么？
作业！ 作业！ 我做作业。

1. 군만두 추가!

■ [想 xiǎng + 동사]

'想'은 '…하고 싶다'라는 뜻을 갖고 있습니다. 이렇듯 동사 앞에 쓰여서, 동사를 보충 설명해 주는 것을 '조동사'라고 합니다.

예 나는 너를 보고 싶다. 我想见你。 Wǒ xiǎng jiàn nǐ.

■ 접속사 '和 hé' 와 '跟 gēn'

둘 다 '…와'의 뜻을 가지고 있습니다. 뒤에 ' 一起 (yìqǐ ; 같이, 함께)'가 같이 나오는 경우가 많습니다.

예 나는 선생님과 같이 중국에 간다.

  我跟老师一起去中国。 Wǒ gēn lǎoshī yìqǐ qù Zhōngguó.

■ [동사 + 吧 ba]

동사 다음에 ' 吧 ba '를 쓰면 '…하자'(어려운 말로 '청유형'이라고 하죠?)가 됩니다.

예 看吧 kàn ba 보자   坐吧 zuò ba 앉자

2. 재미있는 그림 단어   ★취미생활

看电影 kàn diànyǐng 영화보기

看书 kàn shū 책보기

上网 shàng wǎng 인터넷하기

爬山 pá shān 등산하기

중 국 의 영 화 스 타

여러분, 중국 영화하면 무엇이 생각나나요? 무술(武术 wǔshù ; 우슈) 영화를 떠올리는 사람이 많을 것입니다. 사실 중국 영화는 홍콩 영화를 중심으로 무술과 액션 영화가 주류를 이루고 있습니다. 전설적인 무술 영화 스타 이소룡 이후 가장 유명한 스타는 이연걸입니다.

이연걸은 여섯 살부터 무술을 시작했는데 여덟 살에 무술학교에 입학한 이후 본격적으로 무술 연마를 시작하였습니다. 아홉 살의 나이로 전국무술대회에서 우수상을 받았고, 열 살 때는 실력을 인정받아 국가대표에 선발되었습니다. 열 한 살 때에는 전국무술대회에 출전하여 권법, 봉술, 검술 3개 부분을 석권하여 성인 무술인들을 제치고 종합우승을 차지하였습니다.

열 네 살이던 1977년부터는 베이징우슈시범단의 대표로 해외 시범 원정을 다녔는데, 해외 원정 활동 중 영화업자에 눈에 띠어 《소림사》로 데뷔하였습니다. 이후 유명한 서극 감독의 《황비홍(黃飞鸿)》에 출연하면서 일약 홍콩 영화계의 수퍼스타가 되었습니다. 이연걸은 이 밖에도 《정무문》·《흑협》·《모험왕》·《영웅》 등의 현대 액션 영화에 출연하여 탁월한 무술 실력을 선보였습니다.

▶이연걸 주연의 홍콩 영화
《황비홍(黃飞鸿)》의 포스터

我 走 路 回 家

Wǒ zǒulù huí jiā

무슨 맛일까? 　 **내용을 상상해 봐요** ▪ ▪ ▪ ▪ ▪ ▪ ▪ ▪ ▪ ▪ 闻一闻

我 走路 回家
Wǒ zǒulù huí jiā

단무지

'집에 가다'를 어떻게 표현할까요?
'가다'가 '去 qù'니까 '去家 qù jiā'
라고 할 것 같죠? 하지만 행복하고
따뜻한 집에는 '돌아간다'고 생각
하나 봐요.
그래서 '집에 가다'는 '집에 돌아가
다'라는 의미의 '回家 huíjiā'를 씁
니다.

小龙　　佳佳，下课 以后，你 去 哪儿?
Xiǎolóng　Jiājia, xià kè yǐhòu, nǐ qù nǎr?

佳佳　　我 回家。
Jiājia　Wǒ huí jiā.

小龙　　你 怎么 回家?
Xiǎolóng　Nǐ zěnme huí jiā?

佳佳　　走路 回家。
Jiājia　Zǒulù huí jiā.

샤오롱 : 쟈쟈, 하교하고 나서 너는 어디에 가니?　　쟈쟈 : 나는 집에 가.
샤오롱 : 너는 어떻게 집에 가니?　　쟈쟈 : 걸어서 집에 가.

★ 이중 운모

ai ei ao ou
an en ang eng er

마임 스피드 게임

坐公共汽车
zuò gōnggòng qìchē
버스를 타다

骑自行车 qí zìxíngchē
자전거를 타다

走路 zǒulù
걸어가다

坐火车 zuò huǒchē
기차를 타다

준비 : 그림을 보고 어떻게 표현할지 생각해 보세요.

🟠 위에 제시된 상황들을 이야기를 하지 말고 동작으로 표현해 봐요.

　　 친구들이 하는 동작을 보고 무엇을 표현했는지 중국어로 말해 볼까요?

리듬
젓가락 흥겨운 리듬으로 중국어를 익혀요

怎么回家?

Padada~padada, 走路回家。

怎么回家?

Dinglingling~dinglingling, 骑车回家。

怎么回家?

Dududu~dududu, 坐车回家。

怎么回家?

Lalala~lalala, 坐地铁回家。

1. 군만두 추가!

■ 哪儿 nǎr
'어디'라는 뜻을 가진 의문사로, '장소'를 물을 때 쓰입니다.

예 너 어디 가니? 你去哪儿? Nǐ qù nǎr?

■ 怎么 zěnme
'어떻게'의 뜻을 가지는 의문사로 '방법'이나 '수단'을 물을 때 쓰입니다.

예 천안문은 어떻게 가요? 去天安门怎么走? Qù Tiān'ānmén zěnme zǒu?

2. 재미있는 그림 단어   ★여러 가지 교통수단을 알아 볼까요?

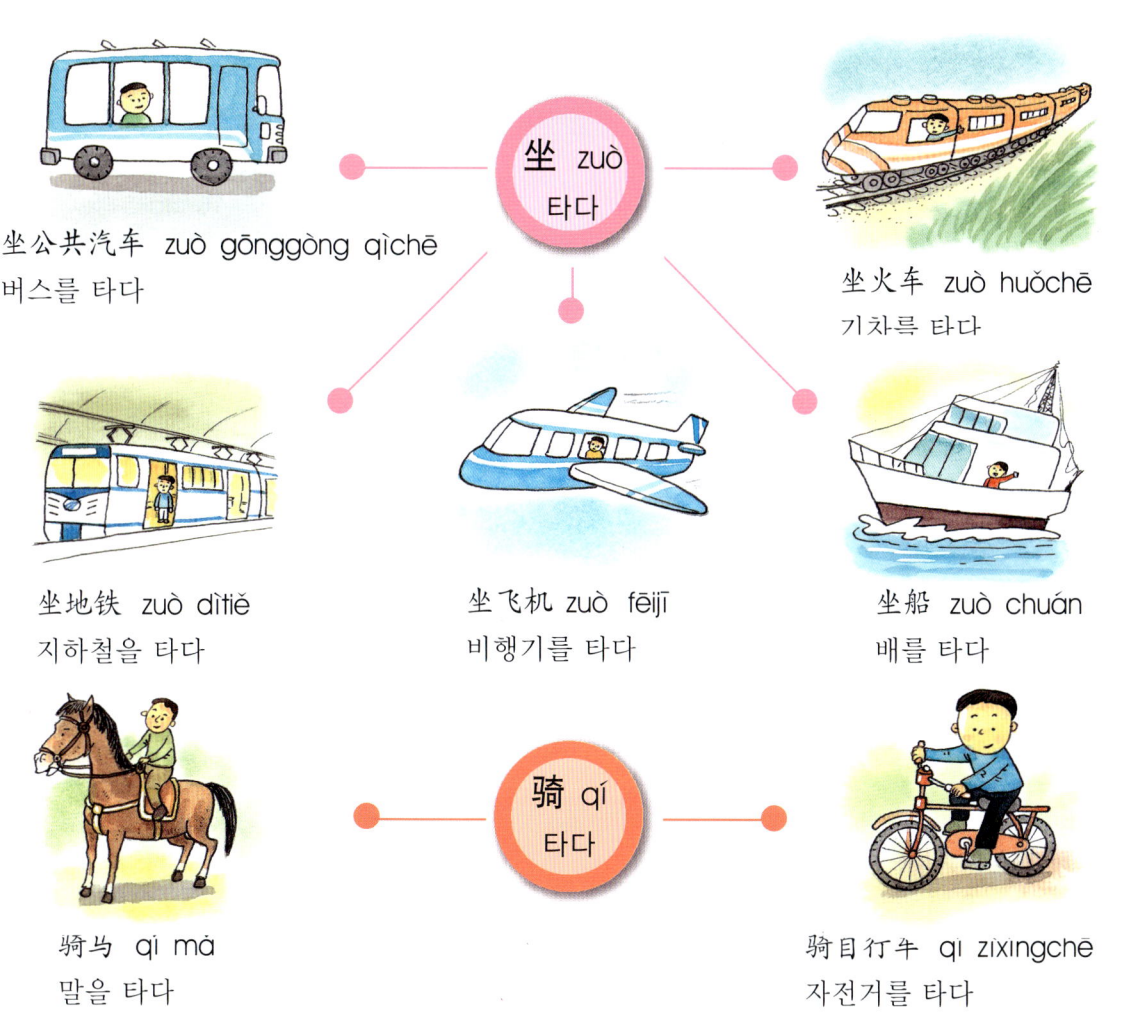

坐公共汽车 zuò gōnggòng qìchē
버스를 타다

坐 zuò
타다

坐火车 zuò huǒchē
기차를 타다

坐地铁 zuò dìtiě
지하철을 타다

坐飞机 zuò fēijī
비행기를 타다

坐船 zuò chuán
배를 타다

骑 qí
타다

骑马 qí mǎ
말을 타다

骑自行车 qí zìxíngchē
자전거를 타다

중국의 수도 베이징(北京)

베이징은 중화인민공화국의 수도로 허베이성 중앙부에 자리 잡고 있으며 1,382만 명이 살고 있는 큰 도시입니다. 1,000년의 역사를 가지고 있는 베이징 시내 곳곳에는 헤아릴 수 없을 정도로 많은 명승·고적이 있습니다.

옛날 명(明)·청(淸)나라의 황궁이었던 자금성(紫禁城 Zǐjìnchéng)은 현재 박물관이 되어 일반에 공개되고 있는데 '고궁'이라고 불립니다. 명나라 때인 1407년에 짓기 시작하여 1420년에 완성되었고 모두 24명의 황제가 이곳에서 살았습니다. 방의 수는 9,900여 칸이라고 알려져 있는데 하룻밤씩만 자더라도 27년이 걸리는 세계에서 가장 큰 황궁입니다. 1987년 세계문화유산으로 지정되어 매년 600~800만 명의 국내외 관광객이 다녀가고 있습니다.

이밖에 40만 명을 수용할 수 있는 천안문 광장, 명나라 13명의 황제가 묻혀 있는 '스싼링', 중국 남쪽의 아름다운 호수인 서호를 본떠 만든 '이허웬', 그리고 황제가 하늘에 제사를 지내던 '천단공원'도 유명합니다. 또 서북쪽으로 자동차로 두 시간 거리에는 만리장성의 '빠다링', '쥐용관' 등의 유적지도 유명합니다. 볼거리로는 경극이 유명하고, 먹거리로는 북경오리구가 유명합니다. 고대와 현대가 함께 있는 도시 베이징은 2008년 제29회 여름 올림픽 경기대회 개최지이기도 합니다.

▲2008 베이징 올림픽 로고와 마스코트

베이징 시의 중심에 있는 고궁

서태후가 만든 이화원

베이징 북쪽의 만리장성

第三课 3

你 晚上 几点 睡觉?

Nǐ wǎnshang jǐ diǎn shuì jiào?

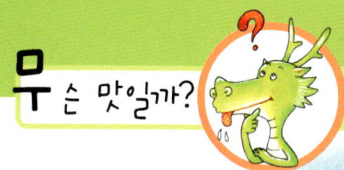

무슨 맛일까? 내용을 상상해 봐요 闻一闻

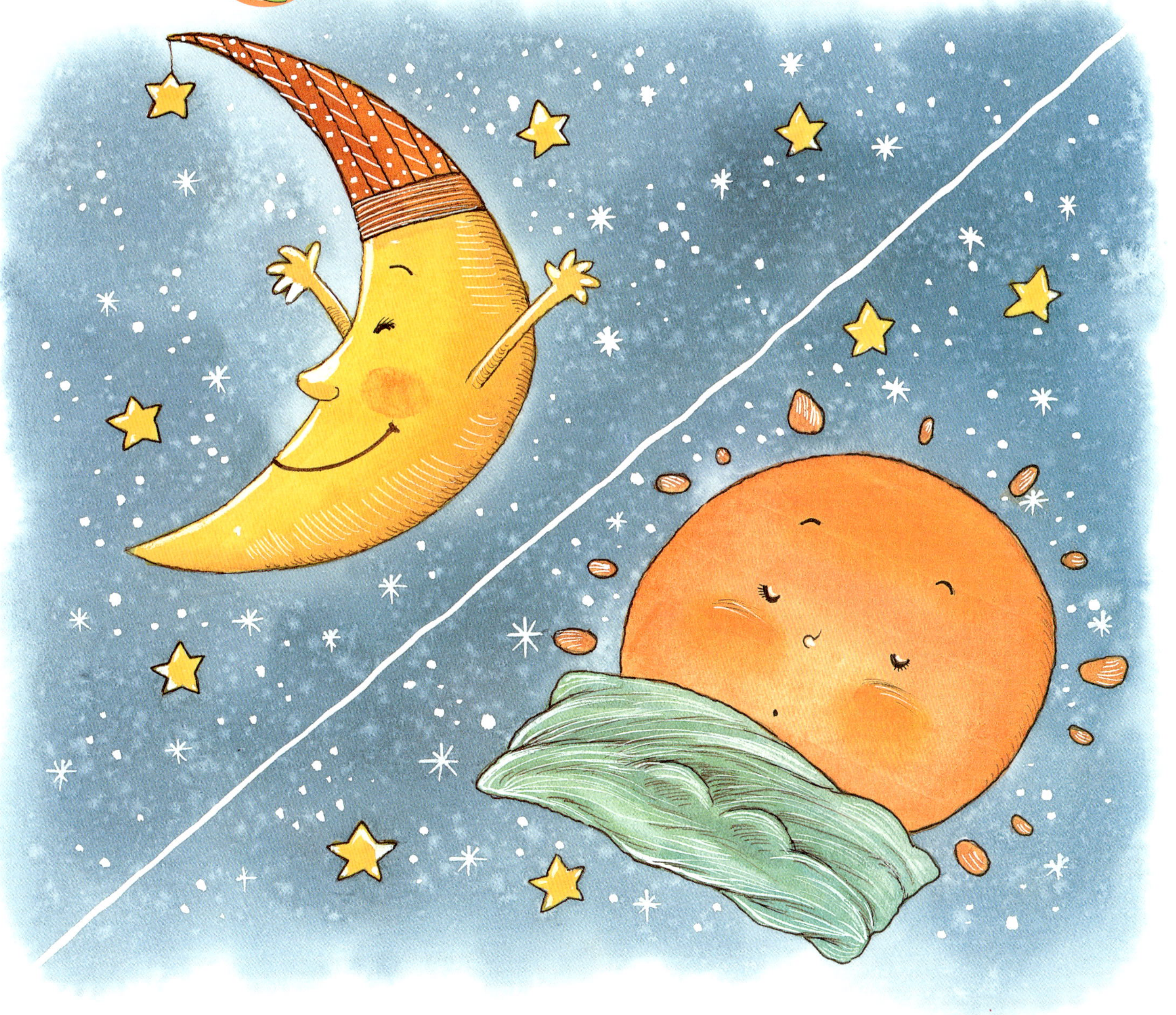

你 晚上 几点 睡觉?

Nǐ wǎnshang jǐ diǎn shuì jiào?

佳佳
Jiājia

东东, 你 晚上 都 做 什么?
Dōngdong, nǐ wǎnshang dōu zuò shénme?

东东
Dōngdong

做 作业、 看 电视、 上网、
Zuò zuòyè、 kàn diànshì、 shàng wǎng、

跟 妹妹 玩儿。
gēn mèimei wánr.

佳佳　你　晚上　几点　睡觉？
Jiājia　Nǐ wǎnshang jǐ diǎn shuì jiào?

东东　十点　睡觉。
Dōngdong　Shí diǎn shuì jiào.

쟈쟈 : 동동, 너는 저녁에 뭘 하니?
동동 : 숙제하고, TV보고, 인터넷하고
　　　여동생과 놀아.
쟈쟈 : 너는 저녁 몇 시에 자니?
동동 : 열 시에 자.

★ 성모

b p m f
d t n l

★ 뜻을 생각하며 발음해 봅시다.

mā má mǎ mà

妈 mā
엄마

bā bá bǎ bà

拔 bá
뽑다

mā má mǎ mà

马 mǎ
말

dā dá dǎ dà

大 dà
크다

99까지 말해요

一	二	三	四	五	六	七	八	九	十
十一	十二	十三	十四	十五	十六	十七	十八	十九	二十
二十一	二十二	二十三	二十四	二十五	二十六	二十七	二十八	二十九	三十
三十一	三十二	三十三	三十四	三十五	三十六	三十七	三十八	三十九	四十
四十一	四十二	四十三	四十四	四十五	四十六	四十七	四十八	四十九	五十
五十一	五十二	五十三	五十四	五十五	五十六	五十七	五十八	五十九	六十
六十一	六十二	六十三	六十四	六十五	六十六	六十七	六十八	六十九	七十
七十一	七十二	七十三	七十四	七十五	七十六	七十七	七十八	七十九	八十
八十一	八十二	八十三	八十四	八十五	八十六	八十七	八十八	八十九	九十
九十一	九十二	九十三	九十四	九十五	九十六	九十七	九十八	九十九	一百

● 1부터 99까지 틀리지 않고 말하기 게임이예요.

모둠을 나누어서 리듬감 있게 숫자 말하기 시합을 해 봐요.

现在几点?

现在九点, 我要睡觉。

晚安!

现在几点?

现在九点, 我要睡觉。

晚安!

1. 군만두 추가!

■ 几 jǐ

'몇'이라는 뜻을 가진 의문사로, '수'를 물을 때 쓰입니다.

예　오늘은 무슨 요일이예요?　今天星期几?　Jīntiān xīngqī jǐ?

　　오늘은 몇 월 며칠이예요?　今天几月几号?　Jīntiān jǐ yuè jǐ hào?

　　지금 몇 시인가요?　现在几点?　Xiànzài jǐ diǎn?

■ 시간과 관련된 표현을 익혀 볼까요?

• 아침 : 早上 zǎoshang　　• 오전 : 上午 shàngwǔ

• 정오 : 中午 zhōngwǔ　　• 오후 : 下午 xiàwǔ

• 저녁 : 晚上 wǎnshang

■ 시간 표현법 I

• 몇 시 : 几点 jǐ diǎn　*대답할 때는 '几 jǐ' 대신 숫자를 넣어 줍니다.

• 1시 : 一点 yì diǎn

• 2시 : 两点 liǎngdiǎn (2시는 二点이라고 하지 않고 两点이라고 합니다.)

• 3시 : 三点 sān diǎn

• 12시 : 十二点 shí'èr diǎn

2. 재미있는 그림 단어

晚上 wǎnshang 저녁

晚安 wǎn'ān
(저녁인사) 안녕히 주무세요

睡觉 shuì jiào 잠자다

중국의 명절 춘절(春节)

　　중국에서 양력 1월 1일은 원단이라고 하며 음력 1월 1일은 춘절이라고 합니다. 음력 1월 1일 '춘절(春节 Chūn Jié)'은 중국 최대의 전통 명절입니다. 우리의 설날과 같이 흩어졌던 가족이 한데 모여 새해를 축복하고 서로의 건강과 복을 기원합니다.

　　춘절 행사는 12월 마지막 날 밤에 잠을 안 자고 새해가 밝기를 기다리는 쏘우쒜이(守岁 shòusuì)로부터 시작됩니다. 이 날 밤이 되면 중국인들은 집집마다 가족이 둘러앉아 만두를 만들며 밤을 새웁니다. 재미있는 것은 깨끗하게 씻은 동전을 넣고 만두를 찌기도 하는데 동전이 들어있는 만두를 먹는 사람은 일년 동안 재운(财运)이 있다고 믿기 때문입니다. 밤이 깊으면 집집마다 폭죽을 터뜨리는데 이는 악귀를 쫓기 위함이라네요.

　　춘절 아침 식사에는 생선이 빠지지 않는데, 이는 생선(鱼 yú)의 발음과 여유로움을 뜻하는 '余 yú'가 발음이 같아서 생선을 먹음으로 일년 내내 풍요롭기를 기원하는 것입니다. 방 안의 벽에는 잉어를 안고 있는 아기의 그림과 같은 연화(年画)를 걸어 놓습니다. 대문에 '복(福)'자(字)를 거꾸로 붙여 놓는 풍습도 있는데, 손님이 들어오다가 이를 보고 "어, 복(福)이 거꾸로 되었어요"라고 말하는 것이 중국어로 "복이 들어왔어요(福到了)"라는 말과 발음이 같기 때문입니다.

我 想 吃 冰淇淋

Wǒ xiǎng chī bīngqílín

무슨 맛일까?  내용을 상상해 봐요 ●●●●●●●●●● 闻一闻

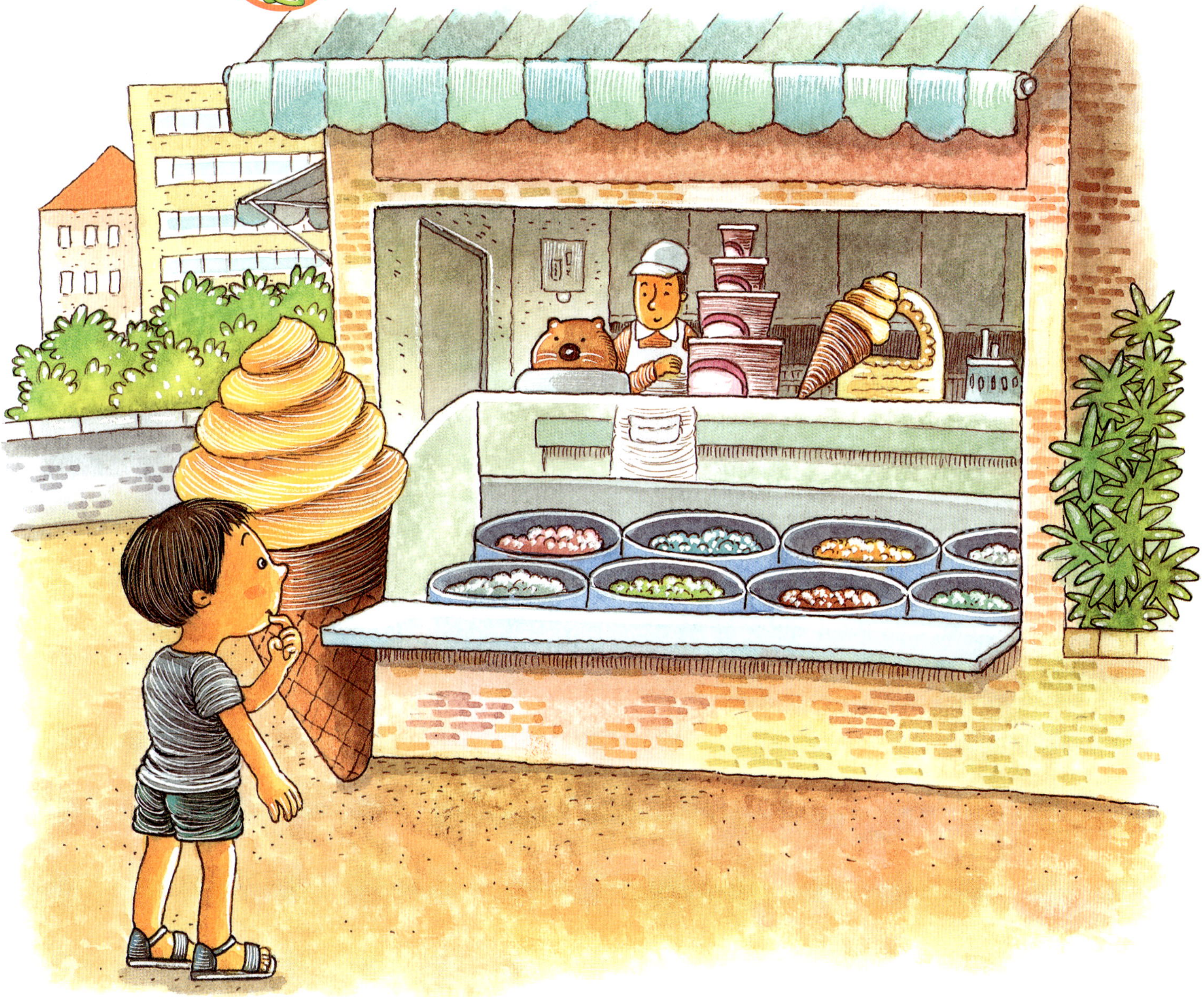

我 想 吃 冰淇淋
Wǒ xiǎng chī bīngqílín

玲玲
Língling

哥哥，我 想 吃 冰淇淋。
Gēge, wǒ xiǎng chī bīngqílín.

东东
Dōngdong

我 给 你 钱，你 自己 去 买 吧。
Wǒ gěi nǐ qián, nǐ zìjǐ qù mǎi ba.

단무지

조동사 [想 xiǎng]
조동사 '想 xiǎng' 기억나시죠?
'想+동사 : ⋯하고 싶다.'

玲玲 Língling	好的。　哥哥，　你　想　吃　什么？ Hǎode.　Gēge,　nǐ　xiǎng　chī　shénme?
东东 Dōngdong	我　想　喝　一杯　可乐。 Wǒ　xiǎng　hē　yì bēi　kělè.

링링 : 오빠, 나 아이스크림 먹고 싶어.　　동동 : 내가 너에게 돈을 줄 테니까 네가 스스로 가서 사 봐.
링링 : 좋아. 오빠, (오빠는) 뭘 먹고 싶어?　　동동 : 나는 콜라 한 잔 마시고 싶어.

★ 성모

g k h j q x

★ 뜻을 생각하며 발음해 봅시다.

qīng qíng qǐng qìng  请 qǐng

청하다

xiāo xiáo xiǎo xiào  小 xiǎo

작다

jīn jín jǐn jìn  进 jìn

들어가다

곱빼기 게임을 통해 배워 볼까요?

카드게임 2

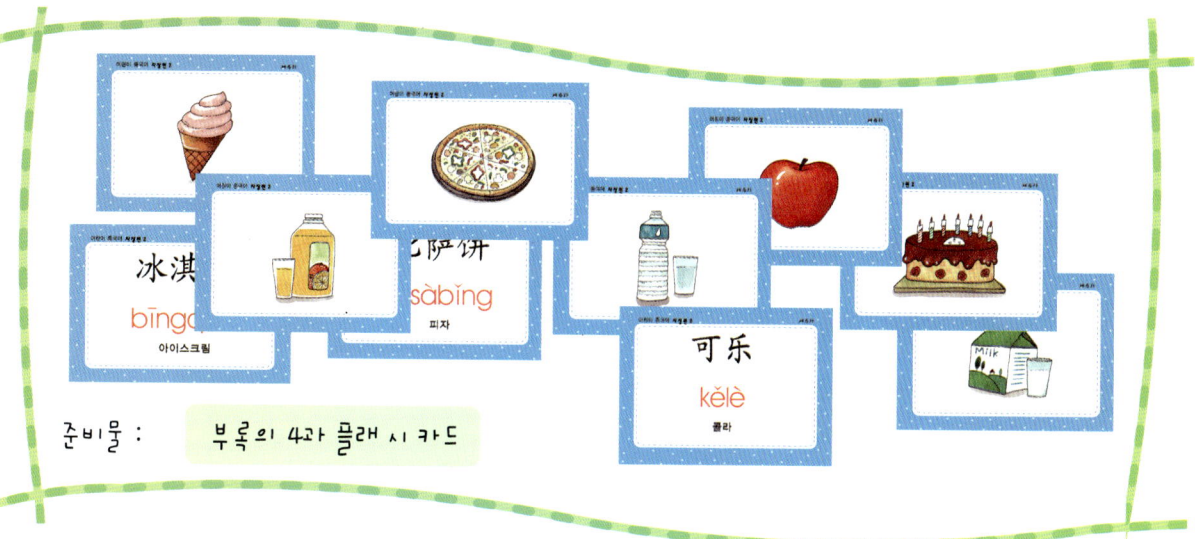

冰淇 bīng
아이스크림

阿饼 sàbǐng
피자

可乐 kělè
콜라

준비물 : 부록의 4과 플래시카드

🔴 우리가 먹고 마시는 것들의 이름을 카드놀이를 통해 익혀 봐요.

- 카드를 보고 중국어를 익혀 봐요.
- 카드 찾기 게임을 해요.
- 카드를 이용해서 서로 묻고 답해 봐요.

할 수 있어요 할 수 있어요 먹고 싶은 것이 있다구요? 학습장 17쪽의 장바구니를 채워 봅시다.

吃，吃，吃吃吃吃吃吃~~
你想吃什么？
我想吃冰淇淋。

喝，喝，喝喝喝喝喝喝~~
你想喝什么？
我想喝牛奶。

1. 군만두 추가!

■给 gěi

['给 gěi'+사람+사물]의 형식으로 쓰여, '…에게 ~을 주다'의 뜻으로 해석합니다.

[예] 내가 너에게 사과를 줄게.   我给你苹果。   Wǒ gěi nǐ píngguǒ.

■수량 단위를 나타내는 말

다음의 빈칸을 채워 보세요. '꽃 한 (   ), 책 한 (   ), 연필 한 (   )'
중국어에서도 이처럼 사물이나 사람 등을 세는 단위가 있는데, 이를 '양사'라고 합니다.

• 杯 bēi : 컵 등에 담는 음료를 세는 단위입니다.

  [예] 콜라 한 컵   一杯可乐 yì bēi kělè

• 个 ge : 가장 많이 쓰이는 양사로 사람이나, 사물들에 폭 넓게 쓰입니다.

  [예] 사람 한 명   一个人   yí ge rén

  물건 하나   一个东西 yí ge dōngxi

• 本 běn : 책 등을 세는 단위입니다.

  [예] 책 한 권   一本书   yì běn shū

2. 재미있는 그림 단어   ★군것질하기

喝牛奶 hē niúnǎi
우유를 마시다

喝可乐 hē kělè
콜라를 마시다

吃冰淇淋 chī bīngqílín
아이스크림을 먹다

吃蛋糕 chī dàngāo
케익을 먹다

吃比萨 chī bǐsà
피자를 먹다

중국의 사막과 황사 현상

봄만 되면 중국으로부터 불어오는 황사는 우리에게 큰 위협이 되고 있습니다. 황사는 왜 생길까요? 중국에서는 매년 서울 면적의 4배가 넘는 땅이 사막화되고 있다고 합니다. 중국 사막의 대부분이 북서부 지역에 분포되어 있는데 그 중에서도 고비 사막, 타클라마칸 사막, 오르도스 사막이 황사의 진원지입니다. 히말라야 산맥과 시베리아의 찬공기가 사막의 더운 공기와 만나 바람을 일으키고 바람에 실린 미세먼지가 수천 킬로미터를 이동하는데 이것이 바로 황사입니다. 가뭄으로 풀과 나무가 말라 죽으면 여기에 사막이 생기고 다시 사막에서 황사가 일어납니다. 그래서 우리나라와 중국이 협력하여 사막에 나무를 심는 사업을 진행하고 있습니다.

중국은 인공강우라는 방법으로 가뭄을 해소하려고 노력하고 있습니다. 중국 기상당국은 로켓과 비행기를 동원하여 비를 내리는 인공강우 작업을 실시하여 가뭄 피해가 극심했던 지역에 100㎜가 넘는 비를 내리게 하였다고 합니다. 인공강우는 로켓이나 비행기, 대포를 이용해 드라이아이스와 요오드화은 등을 구름 속에 뿌려 비를 내리게 하는 것입니다. 현재 중국에는 많은 인공강우 시설이 갖추어져 있습니다.

여기서 잠깐! 중국에서 가장 추운 곳과 더운 곳은 어디일까요? 가장 추운 곳은 얼음의 나라 하얼빈이지요. 겨울에는 얼음과 눈으로 각종 조각품들을 전시하는 빙등제로 유명하지요. 종종 영하 40 ℃까지 내려간다니 정말 춥지요.

가장 더운 곳은 중국 서쪽의 투루판 지역입니다. 투루판은 전국에서 가장 더워 여름 기온이 최고 47.7 ℃까지 올라가기 때문에 불 화(火) 자를 써서 화주(火州)라고도 부른답니다.

第五课 5

可乐 多少 钱 一杯?

Kělè duōshao qián yì bēi?

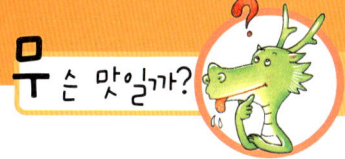

무슨 맛일까? 내용을 상상해 봐요 闻一闻

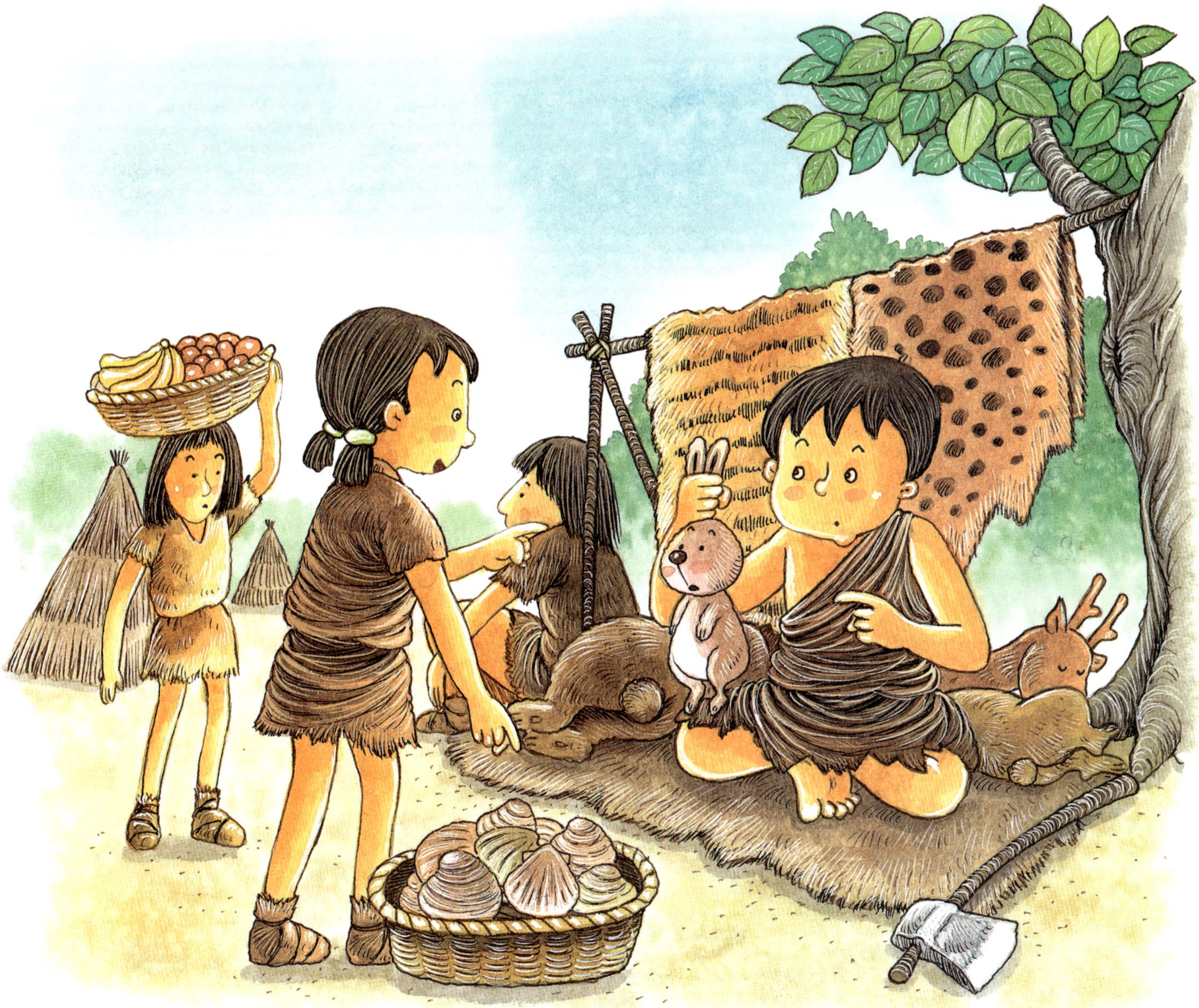

可乐 多少 钱 一杯?
Kělè duōshao qián yì bēi?

东东
Dōngdong
玲玲，冰淇淋　多少　钱　一个?
Língling, bīngqílín　duōshao qián　yí ge?

玲玲
Língling
三块钱　一个。
Sān kuài qián　yí ge.

东东
Dōngdong
可乐　多少　钱　一杯?
Kělè　duōshao qián　yì bēi?

玲玲
Língling
也是　三块　钱。
Yěshì　sān kuài　qián.

동동 : 링링, 아이스크림은 한 개에 얼마야?
링링 : 한 개에 3원이야.
동동 : 콜라는 한 잔에 얼마야?
링링 : 역시 3원이야.

★ 성모

zh ch sh r
z c s

★ 뜻을 생각하며 발음해 봅시다.

shū   shú   shǔ   shù      书 shū
책

chī   chí   chǐ   chì      吃 chī
먹다

zhē   zhé   zhě   zhè      这 zhè
이, 이것

rēn   rén   rěn   rèn      人 rén
사람

곱빼기

게임을 통해 배워 볼까요?　■ ■ ■ ■ ■ ■ ■ ■ ■　再来一点

얼마인가요?　多少钱?

🟠 뭐든지 다 있다는 상점에서 물건을 사 볼까요? 물건 가격을 묻고 답해 봐요.

什么都有商店

牛奶: 一杯 /1块

书: 一本 /3块

茶: 一杯 /2块

本子: 一个 /1块

可乐: 一杯 /3块

水: 一杯 /1块

铅笔: 一支 /2块

橘子: 一斤 /5块

苹果: 一斤 /2块

草梅: 一斤 /4块

香蕉: 一斤 /1块

第5课 可乐多少钱一杯?　**45**

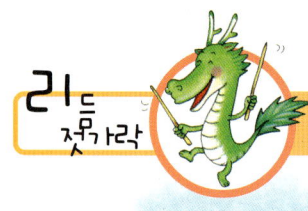
冰淇淋, 冰淇淋,

多少钱一个?

三块钱, 三块钱,

三块钱一个。

可乐, 可乐,

多少钱一杯?

三块钱, 三块钱,

三块钱一杯。

1. 군만두 추가!

■ 多少 duōshao

'얼마, 몇'라는 뜻을 가진 의문사로, '수'를 물을 때 쓰입니다. '几 jǐ'가 10 이하의 수를 물을 때 많이 쓰인다면, '多少'는 10이상을 물을 때 많이 쓰입니다.

■ 중국의 화폐단위

중국 화폐의 기본 단위는 '위안 元 yuán'입니다. 기호 '¥'로 표기합니다. '위안'은 '콰이 块 kuài'로 쓰기도 합니다. 글씨로 쓸 때는 '위안'을, 말로 할 때는 '콰이'를 많이 씁니다.

아래 단위로는 '1위안'의 1/10인 '쟈오 角 jiǎo'와 1/100인 '펀 分 fēn'이 있습니다. '쟈오' 역시 '마오 毛 máo'로 쓰기도 하는데 글로 쓸 때는 '쟈오'를, 말할 때는 '마오'를 많이 씁니다.

- 元 / 块 yuán / kuài   : 원(위안/콰이)   1块 yí kuài = 10毛 shí máo
- 角 / 毛 jiǎo / máo   : 각(쟈오/마오)   1毛 yì máo = 10分 shí fēn
- 分 fēn   : 분(펀 – 1元의 1/100, 가장 작은 화폐단위)

2. 재미있는 그림 단어   ★물건사기

买一本书 mǎi yì běn shū
책 한 권을 사다

买一支铅笔 mǎi yì zhī qiānbǐ
연필 1자루를 사다

买一斤草梅 mǎi yì jīn cǎoméi
딸기 1근을 사다

买一斤苹果 mǎi yì jīn píngguǒ
사과 1근을 사다

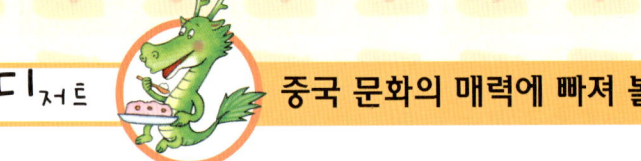

중 국 의 화 폐

여러분, 중국 여행을 가려면 중국 돈을 가지고 있어야 물건도 사고 구경도 할 수 있지요. 그러면 중국 돈은 어떻게 생겼는지 알아봅시다. 우선 중국 돈과 우리 돈의 가치가 다르기 때문에 환율이라는 것을 이해해야 하는데 중국 돈 1원은 우리 돈 약 124원 정도에 해당합니다. 쉽게 말해 우리나라의 경제가 좋아지면 중국 돈 가치는 떨어지고 우리 경제가 어려우면 중국 돈 가치는 올라갑니다. 그래서 외국 돈을 사고 파는 외환시장에서는 매일 환율이 달라집니다. 환율에 따라 돈을 바꾸는 것을 환전이라고 합니다.

중국의 화폐 속에는 공산주의의 대표적 인물이나 소수민족 그리고 식물 등의 그림이 그려져 있습니다. 다음의 화폐들을 살펴봅시다.

▲100위안 지폐

▲20위안 지폐

▲50위안 지폐

▲10위안 지폐

▲2위안 지폐

▲1위안 지폐

▲1쟈오 지폐

중국은 한족과 55개 소수민족이 어울려 살아가는 다민족국가입니다. 화폐에 소수민족이 그려져 있는 것으로 보아 중국 정부의 소수민족 융화정책을 화폐를 통해 볼 수 있습니다.

你 能 帮 妈妈 一下 吗?

Nǐ néng bāng māma yíxià ma?

무슨 맛일까?

내용을 상상해 봐요 ▪ ▪ ▪ ▪ ▪ ▪ ▪ ▪ 闻一闻

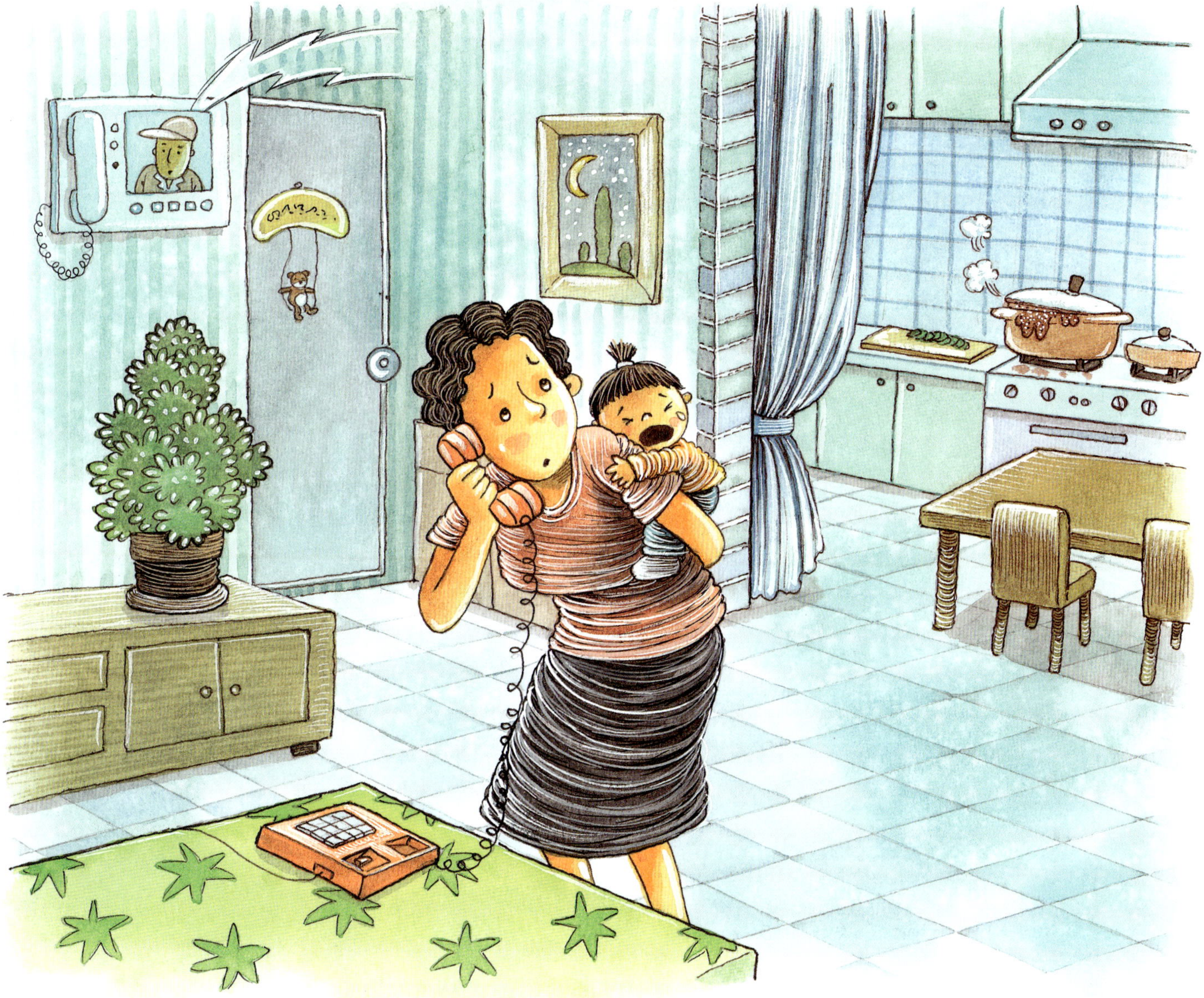

你 能 帮 妈妈 一下 吗?
Nǐ néng bāng māma yíxià ma?

단무지

[동사 + 一下 yíxià]
동작의 느낌을 부드럽게 해 주며, '한 번 해 보다'의 의미가 됩니다.

妈妈　　佳佳,你 能 帮 妈妈 一下 吗?
māma　　Jiājia, nǐ néng bāng māma yíxià ma?

佳佳　　好的, 什么 事? 妈妈?
Jiājia　Hǎode, shénme shì? Māma?

妈妈　　帮 妈妈 洗 一下 杯子。
māma　　Bāng māma xǐ yíxià bēizi.

佳佳　　好的。
Jiājia　Hǎode.

엄마 : 쟈쟈, 너 엄마를 좀 도와 줄 수 있니?
쟈쟈 : 좋아요, 무슨 일이예요 엄마?
엄마 : 엄마를 도와 컵 좀 씻어 주렴.
쟈쟈 : 좋아요.

★ 약하게 발음하는 경성을 연습해 봐요.

단무지

경성(轻声 qīngshēng)

어라? 성조 표시가 없는 단어가 있네요?
그래요. 중국어에는 약하게 발음하는 경성이 있어요. 경성은 앞 음절 성조 높이에 영향을 받아 발음한답니다.

★ 뜻을 생각하며 발음해 봅시다.

제1성 + 경성

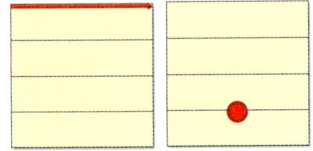

妈妈 mā ma

엄마

제2성 + 경성

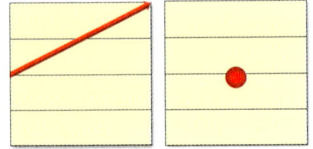

爷爷 yé ye

할아버지

제3성 + 경성

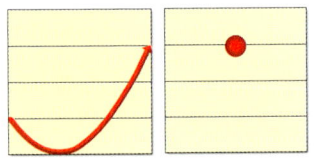

奶奶 nǎi nai

할머니

제4성 + 경성

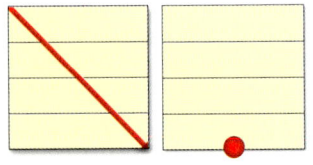

爸爸 bà ba

아빠

도와 주세요!

누군가의 도움이 필요할 때 중국어로 어떻게 말할까요?
도움을 요청하고 응답하는 말을 사용하여 놀이를 해 봅시다.

- 인원 수보다 1개 적게 의자를 준비하고 둥글게 앉아서 게임을 시작합니다.
- 술래가 한 사람에게 다가가 '你能帮我一下吗?'라고 묻습니다.
- 질문 받은 친구는 '好!', 혹은 '对不起。'로 대답할 수 있습니다.
- '好!'라고 대답하면 모든 친구가 자리를 바꿔 앉고, 앉지 못한 친구가 술래가 됩니다.
- '对不起。'라고 대답하면 술래와 가위바위보를 해야 합니다.
  이기는 사람은 자리에 앉고 진 사람은 술래가 됩니다.

你能帮我一下吗?

好!

对不起。

你能帮我吗?

好! 好!

我能帮你!

我能帮你!

谢谢! 谢谢!

我的好朋友~

1. 군만두 추가!

■ 能 néng

주로 '能+동사' 형식으로 쓰이며, '…할 수 있다'의 의미로 쓰입니다.

예 他不能吃肉。 Tā bù néng chī ròu. 그는 고기를 먹을 수 없다

■ 好的 hǎode

'동의'나 '긍정'을 표현할 때 쓰이며, '좋아', 'OK' 등으로 해석할 수 있습니다.

■ 어떻게 해석할까요?

'帮妈妈洗一下杯子。' '帮 bāng'이 '돕다', '洗 xǐ'는 '씻다', '杯子 bēizi'는 '컵'입니다. 그래서 이 문장은 '엄마를 도와서 컵 좀 씻어 주렴'의 뜻이 되겠습니다.

2. 재미있는 그림 단어 ★도와주기 / 그릇 씻기

帮妈妈 bāng māma
엄마를 도와 주다

帮奶奶 bāng nǎinai
할머니를 도와 주다

帮朋友 bāng péngyou
친구를 도와 주다

洗杯子 xǐ bēizi 컵을 씻다

洗碗 xǐ wǎn 그릇을 씻다

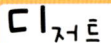

요리하는 중국의 아빠들

여러분 소림사의 주방장은 남자일까요 여자일까요? 일반적으로 중국에서는 남자가 요리를 많이 합니다. 마오 쩌뚱(毛泽东 Máo Zédōng)이 "여성이 하늘의 절반을 떠받치고 있다."고 말한 이후로 여성은 중국사회 전 지역에서 중요한 노동 인력으로 존중되고 있습니다.

중국에서는 여성이 사회 활동을 하는 것이 보편화되어 있습니다. 이렇다 보니 각 가정에서의 남편과 아내가 일을 나누어서 하는 것도 자연스러운 일입니다. 여성의 발목에 쇠고리를 채워 발을 작게 만드는 전족(纏足)이라는 풍습은 수천 년 동안 중국을 지배해 왔던 남성 중심 사회의 상징이었는데 1949년 중화인민공화국이 세워진 이후 중국 정부는 "사회주의 건설에는 남녀의 구분이 없다"라는 구호 아래 법으로 전족을 금지하였으며 남녀평등을 실현하려고 노력하였습니다.

이후 중국의 여성들은 남성과 같이 공장에서 기계를 수리하거나 트랙터나 트럭을 모는 등 남녀 구분 없이 일을 하였습니다. 여성은 사회적 활동을 통해서 경제적, 정신적인 독립을 얻게 되었고, 남자를 중시하던 전통적인 생각은 점차 사라지게 되었습니다.

가정에서의 집안 일도 남녀의 역할 구분이 없어진 지 오래되었습니다. 베이징에 가면 버스를 운전하는 여자 운전자와 남자 보조원을 흔히 볼 수 있습니다. 퇴근 후에는 남편이 먼저 집에 와서 시장을 보고 부엌에서 큰 프라이팬을 들고 요리를 하는 것은 이젠 더 이상 낯선 풍경이 아닙니다.

我的帽子在哪儿?

Wǒ de màozi zài nǎr?

내용을 상상해 봐요 ······· 闻一闻

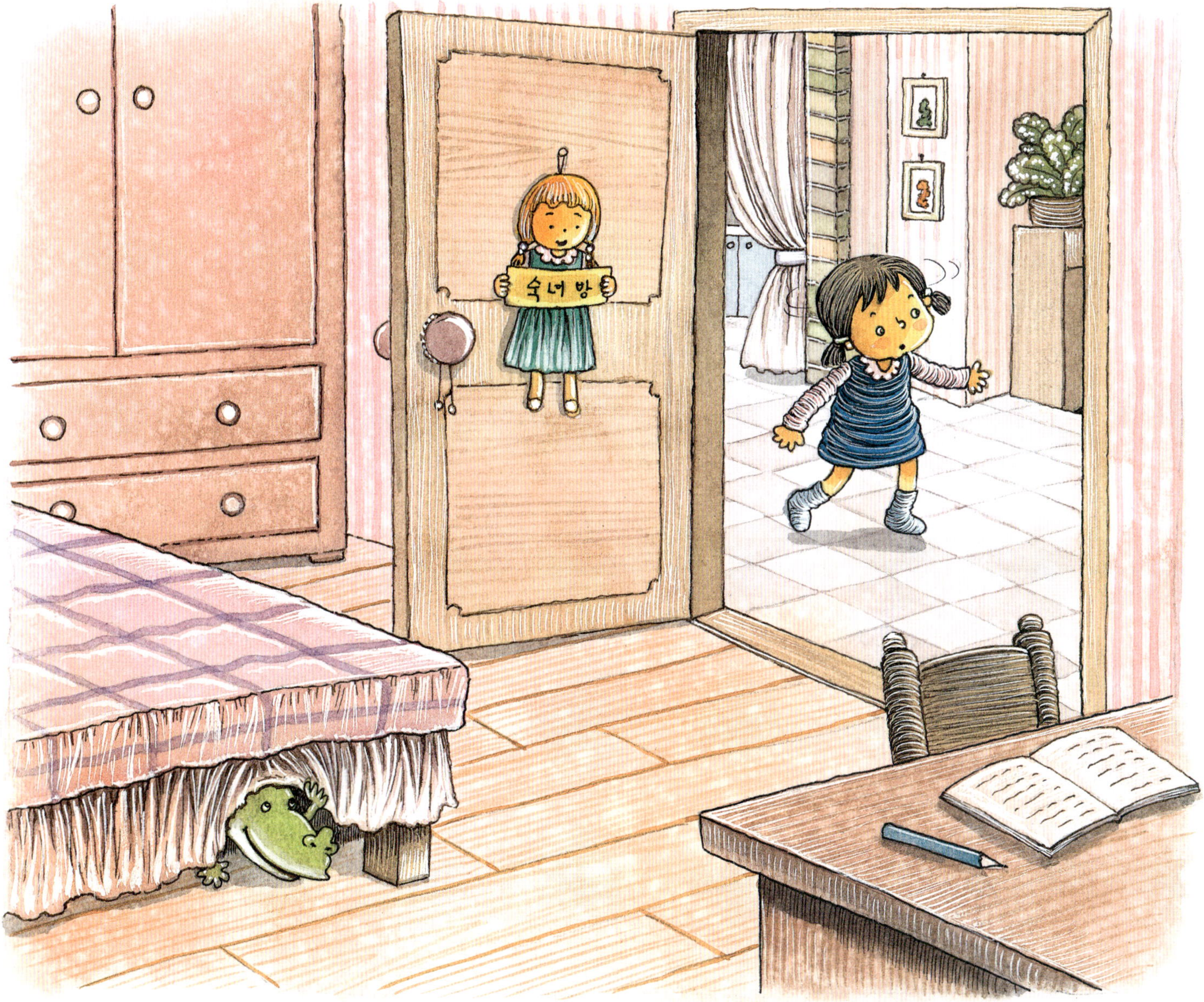

我 的 帽子 在 哪儿?
Wǒ de màozi zài nǎr?

东东　　　　小龙，我的　帽子　在　哪儿？
Dōngdong　Xiǎolóng, wǒ de　màozi　zài　nǎr?

小龙　　　　不　知道。
Xiǎolóng　　Bù　zhīdào.

妈妈　　　　你的　帽子　在　沙发　上。
māma　　　　Nǐ　de　màozi　zài　shāfā　shang.

동동 : 샤오롱, 내 모자 어디 있어?
샤오롱 : 몰라.
엄마 : 네 모자는 소파 위에 있단다.

★ 3성의 성조 변화1

★ 뜻을 생각하며 발음해 봅시다.

nǐ hǎo ▶ ní hǎo	你好 안녕
hěn hǎo ▶ hén hǎo	很好 아주 좋다
xiǎo mǎ ▶ xiáo mǎ	小马 망아지
jǐ diǎn ▶ jí diǎn	几点 몇 시

소룡이 어디에 있을까요? 小龙在哪儿?

🟠 샤오룽이 동동의 방 안 여기저기에 숨어있어요. 샤오룽이 어디에 있나요?

🟠 샤오룽이 숨어있는 곳을 찾아 볼까요? '上, 下, 里'를 써서 중국어로 이야기해 봐요.

만화로 익혀요 샤오룽의 모자 찾기 샤오룽의 모자가 어디로 날아갔을까요? (학습장 29쪽)

我的书在哪儿?
你的书在书包里。

我的书包在哪儿?
你的书包在桌子上。

Aha~~
在桌子上。

1. 군만두 추가!

■ '在 zài'

1. '…에 있다'의 의미입니다. 뒤에는 주로 장소를 나타내는 말이 많이 나옵니다

   예 东东在哪儿? Dōngdong zài nǎr? 동동은 어디 있니?

   东东在学校。 Dōngdong zài xuéxiào. 동동은 학교에 있어요.

2. '在'가 사용된 문장을 부정할 때는 앞에 '不'를 씁니다.

   예 东东不在学校。 Dōngdong bú zài xuéxiào. 동동은 학교에 없어요.

   东东不在家。   Dōngdong bú zài jiā. 동동은 집에 없어요.

2. 재미있는 그림 단어   ★ 쟈쟈의 방

椅子 yǐzi 의자   桌子 zhuōzi 책상   衣柜 yīguì 옷장

书包 shūbāo 책가방   帽子 màozi 모자   沙发 shāfā 소파

베이징 카오야를 아시나요?

베이징 덕(Beijing Duck)을 중국어로는 '베이징 카오야(北京烤鸭 Běijīng kǎoyā)'라고 합니다. 이는 우리말로는 '북경 오리구이'정도로 옮길 수 있겠습니다. 베이징 덕은 한약제를 배합한 특수사료를 먹여 키운 오리를 대추나무 등 과일나무를 사용하여 구워 낸 특별한 요리입니다.

특이한 것은 부화한 후 50일 정도 된 오리를 좁고 어두운 곳에 집어넣어 강제로 먹이만을 먹이는 것입니다. 보름 정도 운동도 못하게 하고 계속 먹이기만 하면 오리는 영양 과잉과 운동부족으로 몸 전체에 지방이 오르게 되어 처음보다 2배 정도로 살이 오릅니다. 오리를 잡을 때는 깃털과 물갈퀴를 떼어 내고 내장을 꺼내어 껍질과 살 사이에 공기를 넣어 부풀어 오르게 한 다음 몸 표면에 엿을 발라서 햇볕에 쪼인 뒤 특별히 만들어진 아궁이에서 껍질이 다갈색이 될 때까지 잘 굽습니다.

베이징 덕은 일반적으로 화덕에서 꺼내자마자 뜨거울 때 얇게 썰어서 먹습니다. 바삭바삭해진 껍질이 가장 맛있는 부분인데 먹을 때는 얇은 전병에 중국의 검은 양념장을 바르고 파와 함께 싸서 먹습니다. 오리를 썰 때는 썬 고기들의 크기가 일정하고 각각의 고기들이 고기와 파삭파삭한 껍데기가 약간씩 모두 들어가야 하는 것이 필수적입니다. 구운 오리는 껍질과 살을 썰어 먹는 것 외에도 살이 남아 있는 뼈를 야채와 함께 볶아서 먹고 그리고 남은 뼈로는 국을 끓여서 먹습니다.

你 能 陪 我 玩儿 吗?

Nǐ néng péi wǒ wánr ma?

无 슨 맛일까?  내용을 상상해 봐요 ● ● ● ● ● ● ● ● ● ● ● 闻一闻

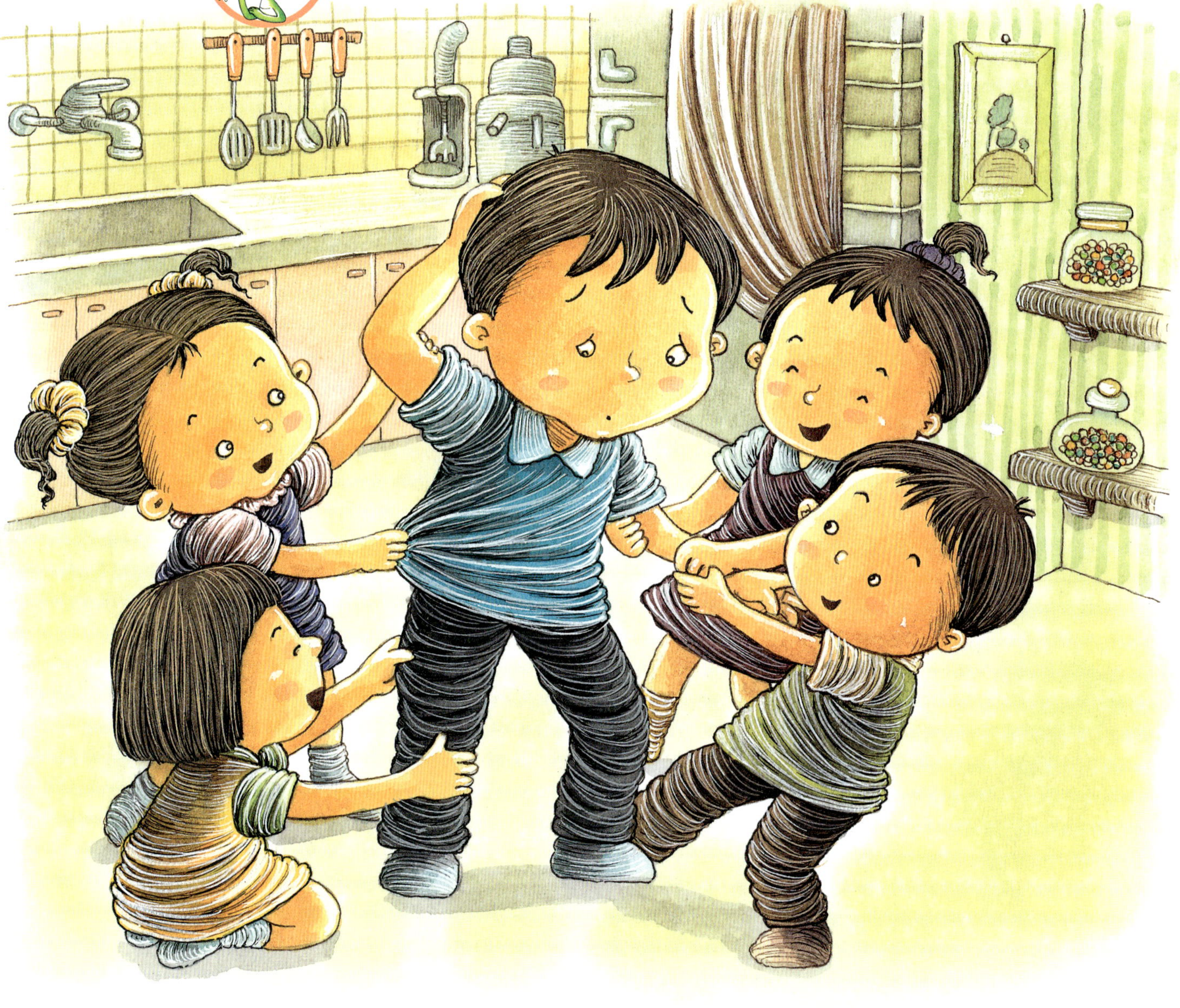

你 能 陪 我 玩儿 吗?

Nǐ néng péi wǒ wánr ma?

玲玲
Língling
哥哥, 你 做 什么 呢?
Gēge, nǐ zuò shénme ne?

东东
Dōngdong
做 作业。
Zuò zuòyè.

玲玲
Língling
你 能 陪 我 玩儿 吗?
Nǐ néng péi wǒ wánr ma?

东东
Dōngdong
好的,
Hǎode,

等 我 五 分 钟。
děng wǒ wǔ fēn zhōng.

단무지

6과에서 배운 조동사 '能 néng' 기억하죠?

能 néng +동사 : …할 수 있다.

링링 : 오빠 뭐 하고 있어?

동동 : 숙제 해.

링링 : 나랑 놀아 줄 수 있어?

동동 : 좋아, 5분만 기다려.

★ 3성의 성조 변화2

★ 3성+1, 2, 4, 경성-반3성+1, 2, 4, 경성

hěn gāo ▶ 반3성 + 제1성
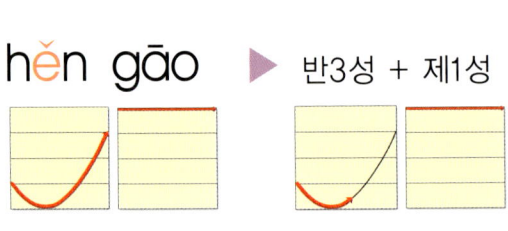

很高

매우 높다

hěn máng ▶ 반3성 + 제2성
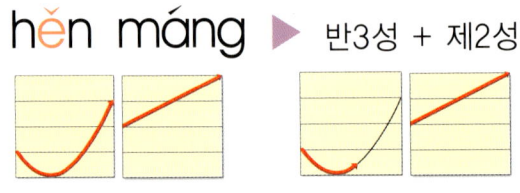

很忙

매우 바쁘다

hěn lèi ▶ 반3성 + 제4성
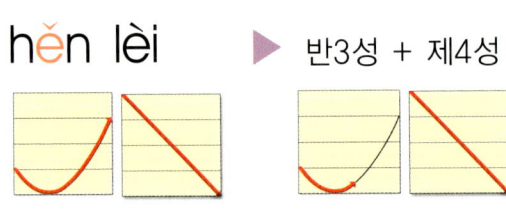

很累

매우 피곤하다

nǎinai ▶ 반3성 + 경성
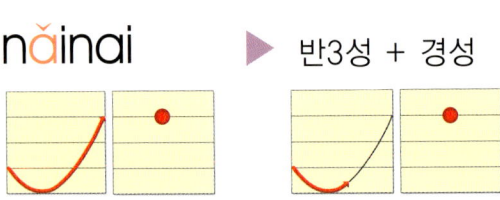

奶奶

매우 할머니

요청막대 놀이 / 你能陪我玩儿吗?

去 qù
玩 wán
你能陪我吃饭吗?
Nǐ néng péi wǒ chīfàn ma?
너 나를 데리고 먹을 수 있니?
看电影 kàn diànyǐng

준비물 : 교재 부록의 요청 막대, 대답 막대

인원 수보다 1개 모자란 의자

🟠 6과의 '도와 주세요 게임'의 형식으로 게임을 진행해 보아요.

만화로 익혀요 누가 링링과 놀아줄까요? 링링이 혼자 놀기 외롭다는군요. 과연 누가 우리
링링과 놀아 줄까요? (학습장 33쪽)

你能陪我玩儿吗？
等一等！　等一等！
等我5分钟！

你能陪我玩儿吗？
对不起！　对不起！
现在我很忙！

ㅈㅈ어~
맛있다!

쑥쑥~ 실력을 늘려요

1. 군만두 추가!

■ [陪 péi+사람+동사]

‘陪+사람+동사’는 ‘…를 데리고 ~하다’의 의미가 됩니다.

예 我陪他去中国。　Wǒ péi tā qù Zhōngguó.　나는 그를 데리고 중국에 간다.

■ 等 děng

‘等’은 ‘기다리다’의 의미입니다.

예 我等妈妈。　Wǒ děng māma.　나는 엄마를 기다린다.

2. 재미있는 그림 단어

等 děng 기다리다

很忙 hěn máng 매우 바쁘다

玩儿 wánr 놀다

陪 péi 모시다, 데리고 …하다

做作业 zuò zuòyè 숙제를 하다

중국의 소림사(少林寺 Shàolínsì)

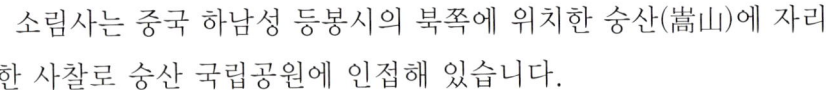

어린 동자승이 무술을 연마하고 무림의 고수가 되어 악당들을 물리치는 모습은 중국 영화에서 자주 등장하는 모습입니다.

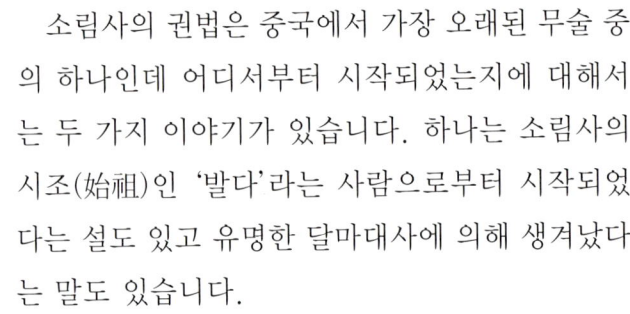

소림사는 중국 하남성 등봉시의 북쪽에 위치한 숭산(嵩山)에 자리한 사찰로 숭산 국립공원에 인접해 있습니다.

소림사의 권법은 중국에서 가장 오래된 무술 중의 하나인데 어디서부터 시작되었는지에 대해서는 두 가지 이야기가 있습니다. 하나는 소림사의 시조(始祖)인 '발다'라는 사람으로부터 시작되었다는 설도 있고 유명한 달마대사에 의해 생겨났다는 말도 있습니다.

전하는 바에 의하면 달마대사는 소림사에 온 후 오유봉이라는 산봉우리 위에 있는 동굴 속에서 9년 동안 벽을 마주하고 수양을 하다고 합니다. 달마대사는 오랜 세월 동안 앉아서 수행하면서 굳은 몸을 풀거나 독사나 맹수 등의 위협을 이겨내야 했습니다. 그래서 몸을 단련시키고 방어하는 체조 형식의 자세들을 만들어 냈고 훗날 이 자세들이 발전하여 무술 '소림권법'이 되었다는 것입니다.

소림권법 중 가장 뛰어난 것으로는 '나한18수', '심의권' 등이 있다고 합니다. 이 밖에도 소림 5권이 전해지는데 달마대사가 용, 호랑이, 표범, 뱀, 학의 다섯 가지 동물의 동작을 본떠서 만들었다고 합니다.

현재 소림사는 해외의 50여 개 도시에 소림사 분원을 갖고 있으며 지금까지 수만 명의 수련생을 배출하고 있습니다.

第九课 9

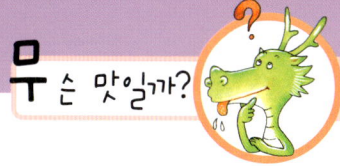

这是谁的羽毛球?

Zhè shì shéi de yǔmáoqiú?

무슨 맛일까? 내용을 상상해 봐요 闻一闻

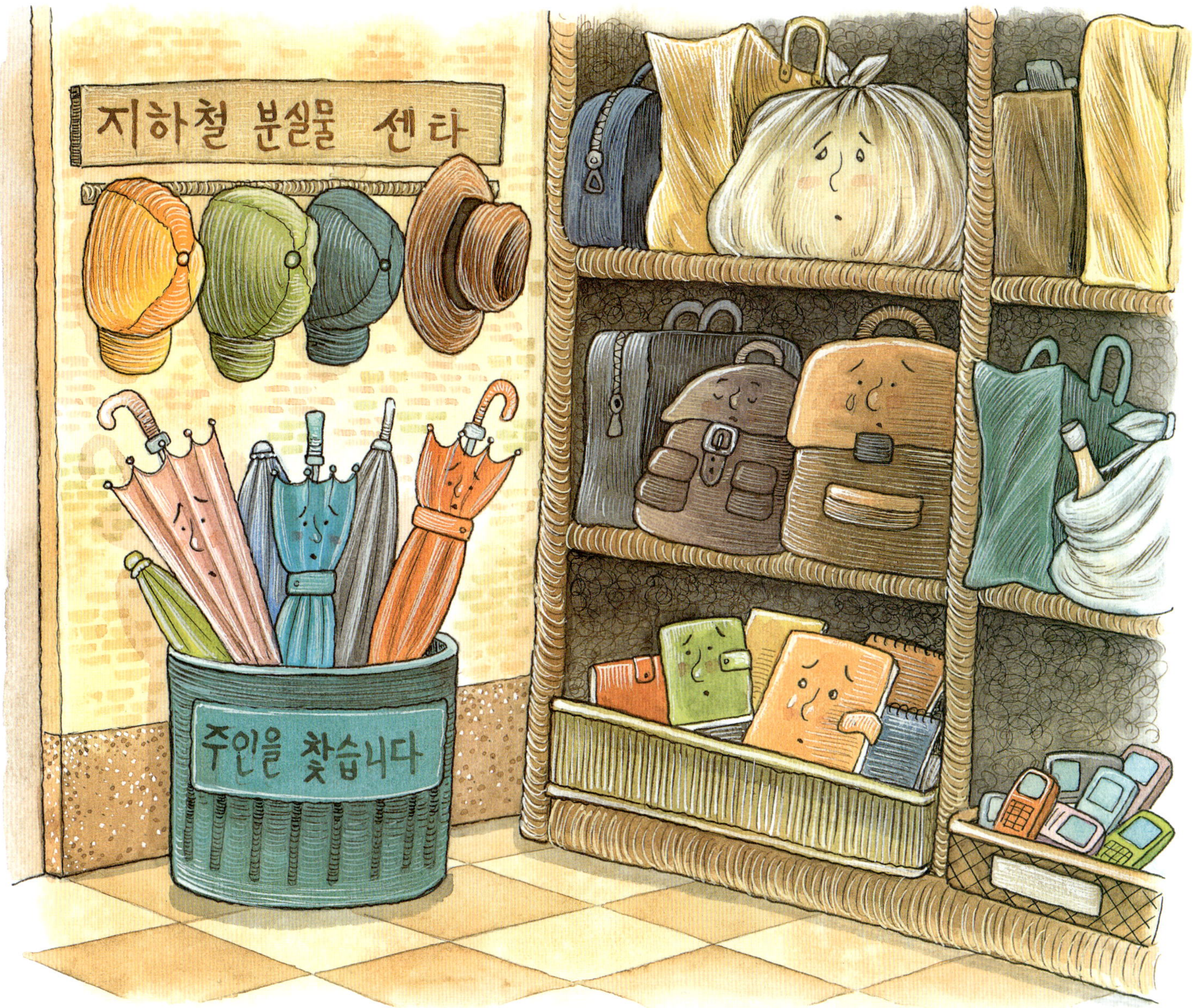

这 是 谁 的 羽毛球?
Zhè shì shéi de yǔmáoqiú?

东东 Dōngdong	小龙，这 是 谁 的 羽毛球？ Xiǎolóng, zhè shì shéi de yǔmáoqiú?
佳佳 Jiājia	是 我的。 Shì wǒ de.
东东 Dōngdong	我们 一起 玩儿 羽毛球，好吗？ Wǒmen yìqǐ wánr yǔmáoqiú, hǎo ma?
佳佳 Jiājia	好的。 Hǎo de.

동동 : 샤오롱, 이건 누구의 배드민턴 공이야?
쟈쟈 : 그건 내 거야.
동동 : 우리 함께 배드민턴 칠까? 어때?
쟈쟈 : 좋아.

★ 결합운모 i ia ie iao iou ian in iang ing

단무지

'i'나 'ü' 다음의 'an'은 '엔'에 가깝게 발음해요.

★ 뜻을 생각하며 발음해 봅시다.

yā   yá   yǎ   yà

鸭 yā
오리

xiān xián xiǎn xiàn

咸 xián
짜다

yīng yíng yǐng yìng

影 yǐng
그림자

jiāo jiáo jiǎo jiào

叫 jiào
부르다

이것은 누구 것인가요? 这是谁的?

누구의 공일까요? 공의 주인을 찾아서 말해 보고 중국어로 써 봐요.

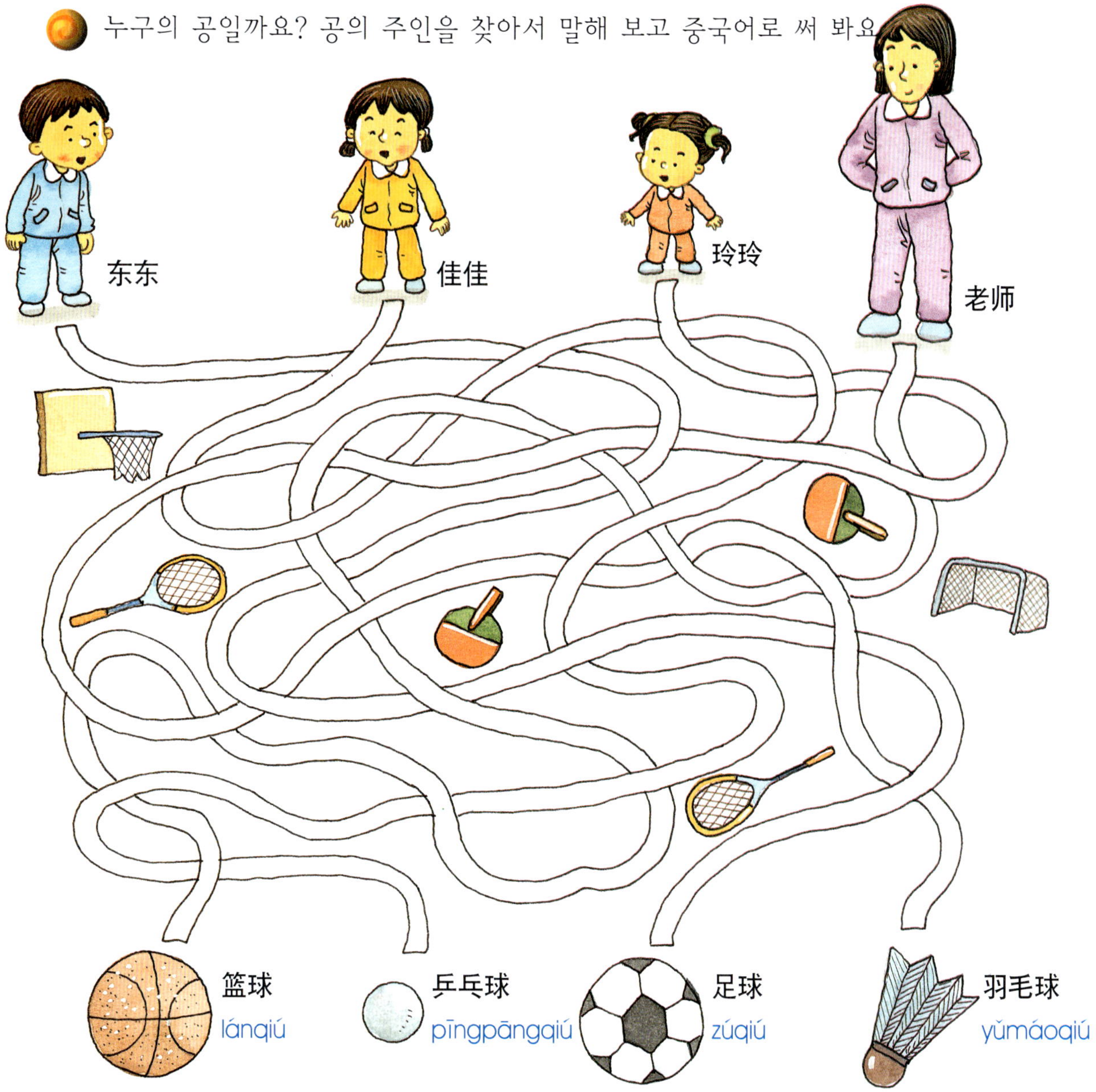

东东　　　佳佳　　　玲玲　　　老师

篮球 lánqiú　　乒乓球 pīngpāngqiú　　足球 zúqiú　　羽毛球 yǔmáoqiú

这是谁的羽毛球?
是我的! 是我的!

我们一起玩儿,好吗?
好的! 好的!
一起玩儿吧! 一起玩儿吧!

1. 군만두 추가!

■ 谁 shéi
'누구'라는 뜻을 가진 의문사로, '사람'를 물을 때 쓰입니다.

예 他是谁? *Tā shì shéi?* 그는 누구니?

■ 的 de
소유의 의미이며 '…의 (것)'으로 해석할 수 있습니다.

예 这是我的书。 *Zhè shì wǒ de shū.* 이것은 나의 책이다.

这是我的帽子。 *Zhè shì wǒ de màozi.* 이것은 나의 모자이다.

2. 재미있는 그림 단어 ★공놀이

羽毛球 yǔmáoqiú 배드민턴

足球 zúqiú 축구

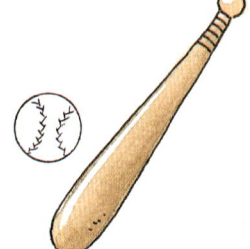
棒球 bàngqiú 야구

篮球 lánqiú 농구

乒乓球 pīngpāngqiú 탁구

산수갑천하(山水甲天下) 구이린(桂林)

　중국 여행을 가면 현지 사람들은 다음과 같이 이야기합니다. "베이징에 가면 발이 아프고, 시안에 가면 귀가 아프고, 구이린에 가면 눈이 아프다". 이 말은 베이징의 만리장성을 구경하려면 많이 걸어야 하고, 시안에서는 진시황과 진시황릉에 얽힌 재미있는 이야기들을 들어야 하기 때문에 귀가 아프고, 구이린에 가면 아름다운 자연을 보느라 눈이 피곤하단 것이지요.

　"계림산수갑천하(桂林山水甲天下 Guìlín shānshuǐ jiǎ tiānxià ; 구이린의 산수 경치가 천하에서 제일 아름답다.)" 라는 말이 있을 정도로 구이린은 그 경치가 빼어난 곳입니다. 아름다운 이강(漓江)과 주위의 농촌 풍경이 어우러져 평화롭고 환상적인 풍경을 연출합니다.

　사시사철 푸르름이 싱그러운 구이린은 아열대 기후에 속해서 일년 내내 기온이 따뜻합니다. 옛부터 계수나무가 많아 구이린(桂林)이란 이름을 얻게 되었지요. 구이린은 소수민족이 많이 사는 도시로 한족을 비롯하여 장족, 묘족 등 28개 민족이 함께 살아가고 있습니다.

　이곳은 3억년 전에는 바다였던 곳으로 지각 운동으로 인해 바다의 석회암 지대가 육지로 올라와 형성된 지형입니다. 오랜 세월에 거친 풍화와 침식작용으로 단단한 부분만 남아 뾰족한 봉우리들이 기암기석, 동굴, 종유석 등과 함께 아름다운 자태를 뽐내게 되었다는군요.

吃饭 以前 应该 先 洗手

Chī fàn yǐqián yīnggāi xiān xǐ shǒu

무슨 맛일까?   내용을 상상해 봐요 ■ ■ ■ ■ ■ ■ ■ ■ ■ ■ ■ ■ 闻一闻

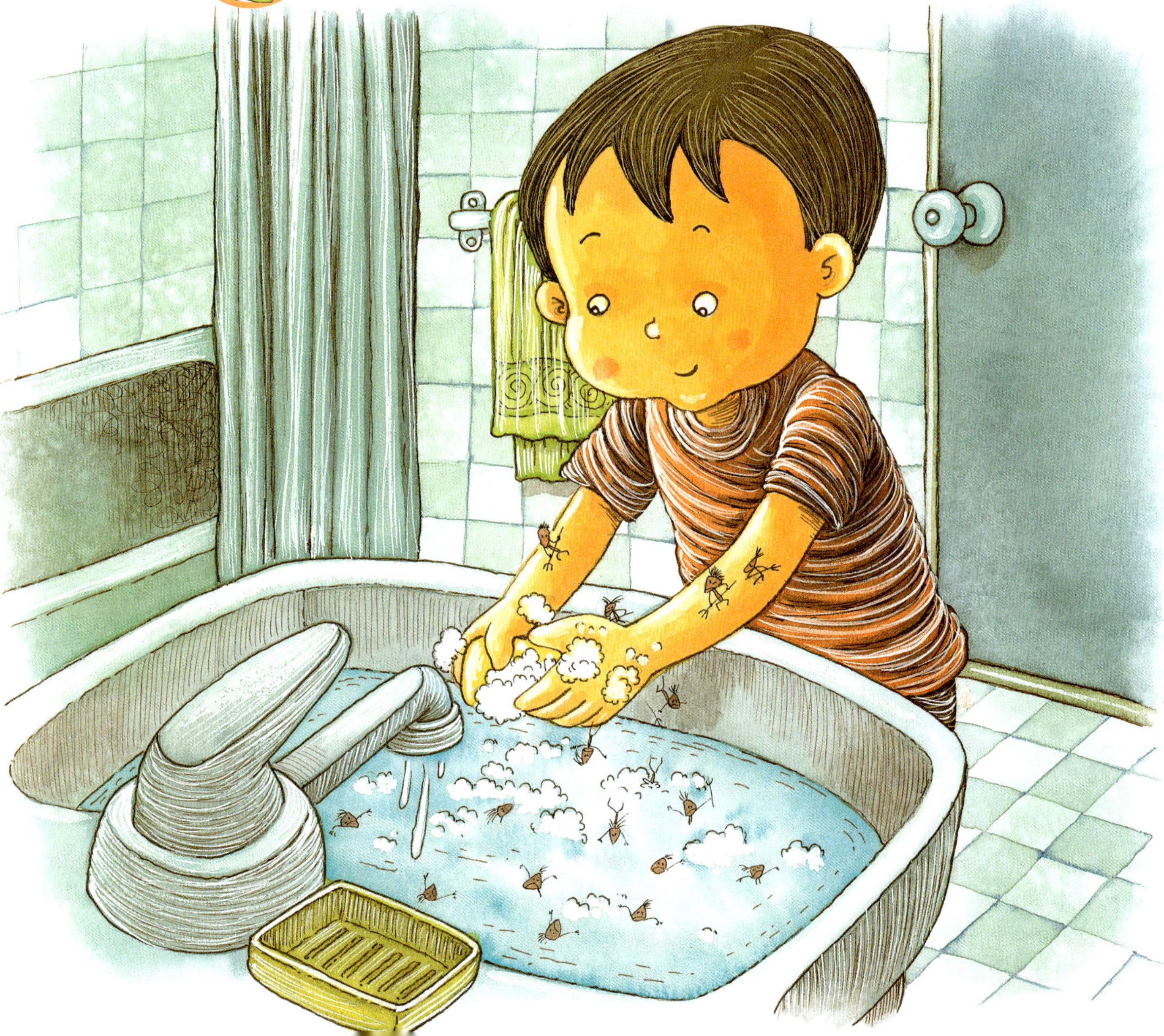

吃饭 以前 应该 先 洗手
Chī fàn yǐqián yīnggāi xiān xǐ shǒu

단무지

엄마가 밥을 다 차려놓으셨군요.
이제 밥을 먹어도 되겠네요. '吃
饭了'는 '밥 먹자!' 정도로 이해하
시면 됩니다.

妈妈 māma	东东、 玲玲, 吃饭 了! Dōngdong、 Língling,chī fàn le!
东东、玲玲 Dōngdong、Língling	吃饭 了! 吃饭 了! chī fàn le! chī fàn le!
妈妈 māma	你们 洗手 了 吗? Nǐmen xǐ shǒu. le ma?
东东 Dōngdong	我 洗 了, 玲玲 没 洗。 Wǒ xǐ le, Língling méi xǐ.
妈妈 māma	玲玲, 吃饭 以前 应该 先 洗手。 Língling,chī fàn yǐqián yīnggāi xiān xǐ shǒu.

엄마 : 동동, 링링 밥 먹자!
엄마 : 너희들 손 씻었니?
엄마 : 링링, 밥 먹기 전엔 꼭 손을 씻어야 해.

동동·링링 : 밥 먹자! 밥 먹자!
동동 : 저는 씻고, 링링은 안 씻었어요.

★ 결합운모   ua uo uai uei uan uen uang ueng

★ 뜻을 생각하며 발음해 봅시다.

wā   wá   wǎ   wà

蛙 wā
개구리

wāng wáng wǎng wàng

王 wáng
왕

wān   wán   wǎn   wàn

碗 wǎn
밥그릇

wēi   wéi   wěi   wèi

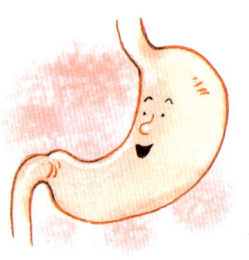

胃 wèi
위

역할놀이 게임

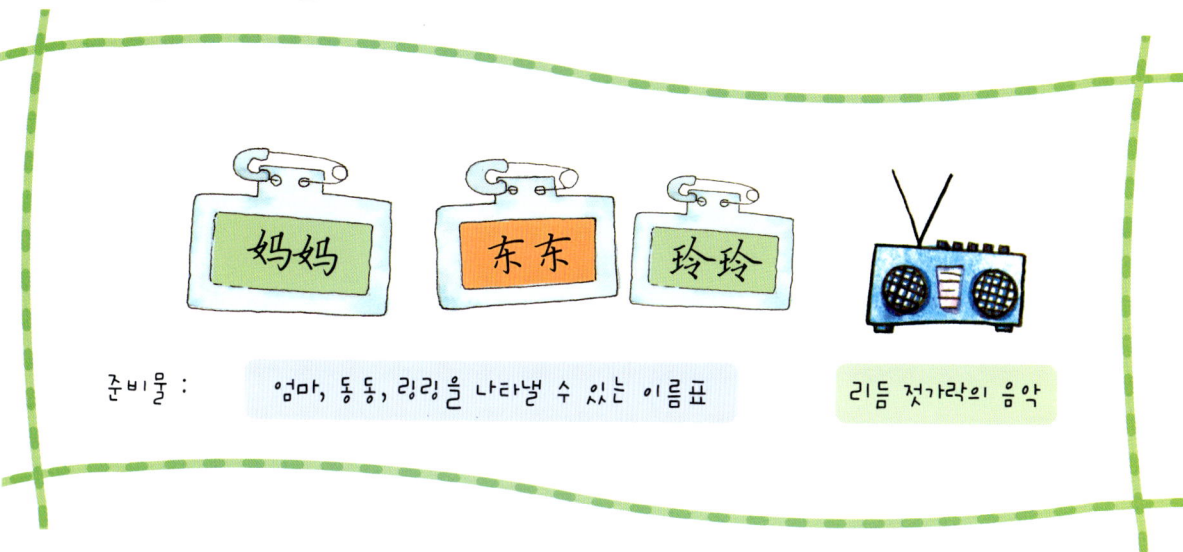

준비물 : 엄마, 동동, 링링을 나타낼 수 있는 이름표　　리듬 젓가락의 음악

🔴 엄마와 동동, 링링이 되어 역할놀이를 해 봅시다.
리듬젓가락에서 익힌 노래를 넣어서 뮤지컬을 만들어 볼까요?

吃饭了！吃饭了！

洗手了吗？

洗了，洗了，当然洗了！

上课了！上课了！

准备好了吗？

好了！好了！准备好了！

1. 군만두 추가!

■ [应该 yīnggāi + 동사]

'마땅히 …해야 한다.'의 뜻으로 의무나 당연히 해야할 일을 표현할 때 씁니다.

예 你应该吃早饭。　　Nǐ yīnggāi chī zǎofàn. 너는 아침밥을 먹어야만 한다.

■ 先 xiān

부사로 '먼저'의 의미입니다.

예 你先去吧。　　Nǐ xiān qù ba. 네가 먼저 가.

■ 没 méi

과거의 사실이나, 객관적 사실을 부정할 때는 '没 méi'를 씁니다. (일반적으로는 '不 bù'를 많이 쓰죠?)

예 我没吃早饭。　　Wǒ méi chī zǎofàn. 나는 아침밥을 못 먹었다.

■ 어떻게 해석할까요?

'吃饭以前应该先洗手。 Chī fàn yǐqián yīnggāi xiān xǐ shǒu.' 이 문장을 이렇게 해석해 봐요. '以前 yǐqián 이전, 应该 yīnggāi …해야 한다, 先 xiān 먼저, 洗手 xǐ shǒu 손을 씻다'. 그러므로 '밥 먹기 전에는 먼저 손을 씻어야 한다'가 됩니다.

2. 재미있는 그림 단어

洗手 xǐ shǒu
손을 씻다

洗脸 xǐ liǎn
세수하다

刷牙 shuā yá
漱口 shù kǒu
양치질하다

洗澡 xǐzǎo
목욕하다

중국의 이색 음식 '거지 닭'

중국 음식에 '거지닭'이라는 요리가 있습니다. 중국의 남쪽 지역의 유명한 닭 요리로 '부귀닭'이라고도 부르기도 하는데 요리 방법이 특이하고 맛이 담백하며 정말 맛있습니다.

이 요리의 유래는 다음과 같습니다. 옛날 중국 강남 지방의 소흥이라는 마을 근처의 거지들이 닭을 훔쳐다가 털을 뽑고 황토 진흙을 발라 몰래 땅 속에 파묻어 둔 후 나중에 한 마리씩 꺼내서 구워먹었다고 합니다. 황토 흙을 발라 땅 속에 묻어두면 쉽게 상하지 않고 사람들에게도 들키지도 않았던 것이지요.

그런데 이와 관련하여 청나라 때 건륭 황제와의 재미있는 일화가 있습니다. 건륭 황제는 풍류를 즐기던 황제였는데 황궁이 있는 베이징을 떠나 풍류와 예술의 고장인 중국 강남 지방을 자주 행차를 하였다고 합니다. 때로는 심복 몇 명만 데리고 암행도 많이 하였습니다. 어느 날 심복들과 함께 암행 중이던 건륭 황제가 소흥 지방에 다다랐는데 밤이 너무 늦어 숙소를 찾지 못하고 숲속에서 야영을 하게 되었다고 합니다. 황제 일행은 추위와 산짐승을 피하기 위해 모닥불을 피워놓고 불 주위에서 잠을 청하려고 하는데 어디선가 고소한 닭고기 익는 냄새가 진동하였습니다. 도대체 어디서 나는 냄새인지 한참을 찾아보니 뜻밖에도 모닥불 아래에서 고소한 냄새가 나오고 있었습니다. 그 곳을 파 보았더니 황토흙에 싸여 있는 닭이 모닥불 열기에 잘 익혀지고 있었습니다. 황제 일행은 딱딱하게 굳은 황토를 깨고 그 속의 닭고기를 맛있게 먹었다고 합니다. 아마도 거지 일행은 멀리서 발만 동동구르며 침만 삼켰겠지요?

现在 几点 了?

Xiànzài jǐ diǎn le?

 무슨 맛일까?

내용을 상상해 봐요 ∙∙∙∙∙∙∙∙ 闻一闻

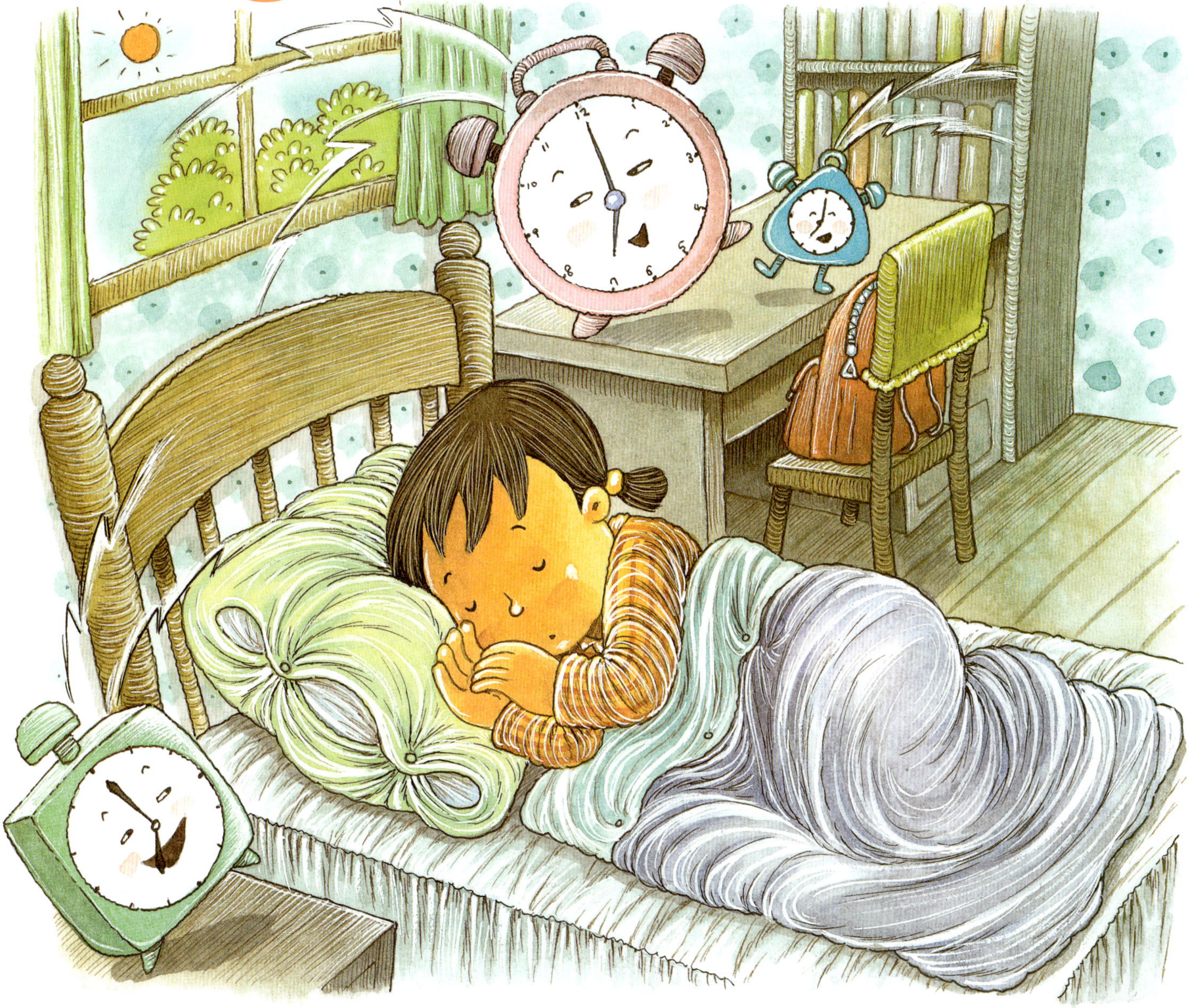

现在 几点 了?
Xiànzài jǐ diǎn le?

단무지

'我睡懒觉了。'는 어떤 뜻일까요?
'懒 lǎn'은 '게으르다'의 의미입니다.
그러므로 이 말은 '저는 게으른 잠을 잤습니다.' 즉, '늦잠 잤습니다.'의 의미입니다.

老师 佳佳，现在 几点 了？
lǎoshī Jiājia, xiànzài jǐ diǎn le?

你 怎么 才 来？
Nǐ zěnme cái lái?

佳佳 对不起，老师。我 睡 懒觉 了。
Jiājia Duì bu qǐ, lǎoshī. Wǒ shuì lǎn jiào le.

八点 五十分 才 起床。
Bā diǎn wǔshí fēn cái qǐ chuáng.

老师 以后 别 睡 懒觉 了。
Yǐhòu bié shuì lǎn jiào le.

선생님 : 쟈쟈, 지금 몇 시지? 어째서 지금에서야 왔지?
쟈쟈 : 죄송해요, 선생님. 제가 늦잠을 잤어요.
8시 50분에서야 일어났어요.
선생님 : 앞으로는 늦잠 자지 말아라.

★ 결합운모　ü　üe　üan　ün

★ 뜻을 생각하며 발음해 봅시다.

yuē　yué　yuě　yuè

约 yuē
약속하다

yūn　yún　yǔn　yùn

云 yún
구름

yū　yú　yǔ　yù

雨 yǔ
비

yuān　yuán　yuǎn　yuàn

院 yuàn
뜰, 정원

두 팔을 벌려라!

🔴 두 팔을 벌려 시계 바늘을 표현해 봅시다.

친구가 만든 시계 바늘을 보고 중국어로 시간을 맞춰 볼까요?

别走～别走～
我爱你!

别吃～别吃～
会胖的!

别玩～别玩～
要学习!

别动～别动～
我要抓你!

1. 군만두 추가!

■ 시간 표현법 II
① …시 : …点(diǎn)
② …시 ~분 : …~点(diǎn) ~分(fēn)

■ 才 cái
부사로 '비로서', '가까스로'의 의미입니다.
> 예 他才来。 Tā cái lái. 그가 비로서 왔다.

■ [别 bié+동사]
'…하지 마라'로 금지의 의미를 가지며, '不要 bú yào'로 바꿔 쓸 수 있습니다.
> 예 别动!   Bié dòng! 움직이지 마!

2. 재미있는 그림 단어

几点 jǐ diǎn 몇시

睡懒觉 shuì lǎn jiào 늦잠을 자다

别吃 bié chī 먹지 마라

胖 pàng 살찌다

抓 zhuā (손으로 무엇인가를) 잡다

중국 사람들은 빨간색을 좋아해요

　　중국 사람들에게 붉은색은 어떤 의미가 있을까요? 예로부터 중국 사람들은 노란색을 고귀하고 신성한 권위의 상징으로 여겨왔습니다. 그리고 붉은색을 좋은 일과 기쁜 일이 생기는 경사로움의 상징으로 여깁니다. 그래서 민간에서는 생일이나 환갑, 결혼 등 경사스러운 날에 붉은색으로 실내를 장식하여 명절 분위기를 돋구어 줍니다.

　　중국 최대 명절인 춘절에는 집집마다 빨간 바탕에 복(福 복 복)자를 쓴 '춘련'이라는 것을 만들어 거꾸로 붙입니다. 이것은 복이 들어오기를 바라며 붙이는 것으로 이제는 관습처럼 굳어졌고, '일년' 내내 붙여 놓기도 합니다. 그리고 복(福)자를 쓸 때는 주로 빨간 바탕에 황금색 글씨를 사용하는데, 황금색 글씨는 재물을 상징하고, 빨간색은 번영을 상징합니다.

　　붉은 색은 중국의 전통적인 명절 색이 되었습니다. 결혼식 때에도 귀신을 쫓아낸다는 의미로 많은 폭죽을 터뜨리는데, 폭죽 색깔도 역시 붉은색입니다. 이밖에도 미인을 가리키기는 말을 '홍안(紅 - 붉다 홍, 顔 - 얼굴 안)'이라고 합니다.

　　오랫동안 중국 사람들은 붉은색을 피와 생명의 상징으로 여기고 액운을 막고 복을 가져다주는 색으로 여겨왔습니다.
이런 이유로 여러 경축행사를 붉은색으로 장식하는 풍속이 지금까지 계속되고 있습니다. 아마 여러분이 중국에 여행을 가 보면 건물과 간판의 글씨 등 모든 곳에서 붉은색을 정말 많이 사용하고 있다는 것을 알 수 있을 것입니다.

东东 的 一天

Dōngdong de yì tiān

무슨 맛일까? 내용을 상상해 봐요 ■ ■ ■ ■ ■ ■ ■ ■ ■ 闻一闻

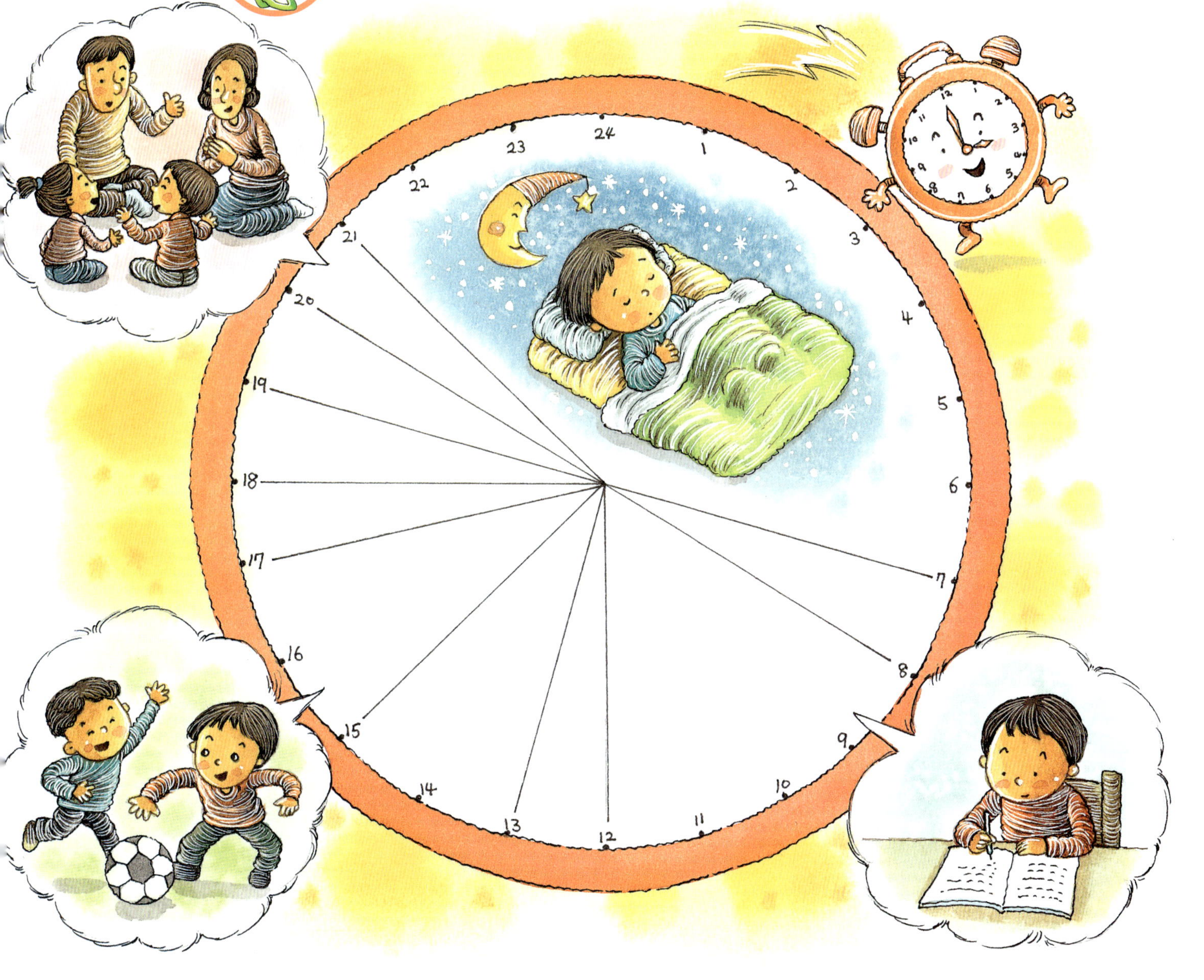

东东 的 一天
Dōngdong de yì tiān

我 叫 东东，今年 十岁。 我 读 小学
Wǒ jiào Dōngdong, jīnnián shí suì. Wǒ dú xiǎoxué

三年级。 我 每天 八点 起床，八点 十五分
sān niánjí. Wǒ měitiān bā diǎn qǐ chuáng, bā diǎn shíwǔ fēn

吃 早饭，八点 半 上学。
chī zǎofàn, bā diǎn bàn shàng xué.

我们 九点 半 开始 上课，
Wǒmen jiǔ diǎn bàn kāishǐ shàng kè，

下午 三点 下课。 下课 以后，
xiàwǔ sān diǎn xià kè. xià kè. yǐhòu，

我 做 作业 或者 跟 朋友们 玩儿。
wǒ zuò zuòyè huòzhě gēn péngyoumen wánr.

저는 동동이라고 하고, 올해 열 살입니다. 저는 초등학교 3학년입니다. 저는 매일 8시에 일어나 8시 15분에 아침밥을 먹고, 8시 반에 등교합니다.

우리는 9시 반에 수업을 시작하고, 오후 3시에 수업을 마칩니다. 방과 후에는 나는 숙제를 하거나 친구들과 놉니다.

★성모

ju qu xu

단무지

★'j q x' 다음의 'u'는 'ü'로 읽습니다.
★'j q x + ü üe üan ün'이면, 점 두 개를 빼고 표기한다.

★뜻을 생각하며 발음해 봅시다.

jū jú jǔ jù

菊花 júhuā
국화

qū qú qǔ qù

喜鹊 xǐque
까치

xuē xué xuě xuè

学生 xuésheng
학생

게임을 통해 배워 볼까요?

再来一点

나의 하루

🔸 동동이처럼 나의 하루를 친구들에게 소개해 봐요.

나의 하루 我的一天

　　我叫＿＿，今年＿＿岁。我读小学＿＿年级。
我每天＿点起床，八点十五分吃早饭，八点半上学。
我们九点半开始上课，下午三点下课。下课以后，
我做作业或者跟朋友们玩儿。

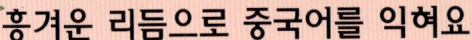
一闪一闪亮晶晶，

Yì shǎn yì shǎn liàng jīngjing,

满天都是小星星。

mǎntiān dōushì xiǎo xīngxing.

挂在天空放光明，

Guà zài tiānkōng fàng guāngmíng,

好像许多小眼睛。

hǎoxiàng xǔduō xiǎo yǎnjing.

一闪一闪亮晶晶，

Yì shǎn yì shǎn liàng jīngjing,

满天都是小星星。

mǎntiān dōushì xiǎo xīngxing.

1. 군만두 추가!

■ 시간 표현법 Ⅲ

(1) …시 + 특수표현

　① 30분 : 三十分(sānshí fēn) = 半(bàn)

　예 3시 30분 : 三点三十分 sān diǎn sānshí fēn / 三点半 sān diǎn bàn

　② 15분 : 十五分(shíwǔ fēn) = 一刻(yí kè)

　③ 45분 : 四十五分(sìshíwǔ fēn) = 三刻(sān kè)

(2) …시 ~분 전 : 差(chà 모자르다, …전) …分(fēn)~点(diǎn)

　예 10시 10분 전 : 差十分十点 chà shí fēn shí diǎn

■ 或者 huòzhě

'혹은'의 의미입니다.

　예 星期天, 我去公园或者去图书馆。 Qīngqītiān, wǒ qù gōngyuán huòzhě qù túshūguǎn.
　일요일에 나는 공원을 가거나 (혹은) 도서관에 간다.

2. 재미있는 그림 단어 ★동동의 하루

早上 zǎoshang 아침

起床 qǐ chuáng 일어나다(기상)

吃早饭 chī zǎofàn 아침을 먹다

上学 shàng xué 학교에 가다

上课 shàng kè 수업을 하다

下课 xià kè 하교하다

천하의 명산 '황산(黃山)'

여러분 황산을 아시나요? 중국 사람들이 평생에 한번 꼭 가 보고 싶어 하는 천하의 명산이 바로 황산입니다. 황산은 중국 남부 안후이성에 위치하고 있는데 우리나라 설악산의 약 3배쯤 되는 크기로 모두 72개의 주요 봉우리와 24개의 골짜기가 동서남북으로 뻗어 있습니다. 최고봉인 연화봉은 1,864 m로 우리나라 설악산보다 150 m 가량 높습니다. 중국 10대 명승지 가운데 하나이며 유네

스코 지정 세계 자연문화 복합유산이기도 합니다. 최근에는 인천에서 황산 시까지 항공편 직항로가 열렸습니다.

황산을 오를 때는 케이블카를 이용하거나 걸어서 올라가는데 걸어서 올라가면 5시간쯤 걸립니다. 등산로에는 14만 개의 계단이 산의 능선과 낭떨어지 절벽 옆으로 이어져 있습니다.

황산에서 가장 아름답다는 '서해대협곡', 하늘에서 떨어진 것으로 만져보면 소원을 이룬다는 '비래석', 일몰이 아름다운 '광명정', 천길 낭떨어지 아래로 펼쳐지는 '구름의 바다', 기암기석과 바위 틈에서 더욱 자태가 아름다운 소나무 등 그 아름다움은 한 폭의 산수화입니다.

★ 중국어 단어 찾기 ★

본문에서 배운 중국어 단어들을 발음별, 과별로 정리해 놓았습니다.

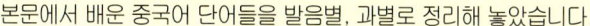

1. 발음별 새단어 찾기

A

| 爱 | ài | 사랑하다 | 11과 94쪽 |

B

八	bā	여덟, 8	8과 65쪽
拔	bá	뽑다	3과 28쪽
爸爸	bàba	아빠	6과 52쪽
吧	ba	…하자	1과 10쪽
半	bàn	반, ½, 30분	12과 98쪽
帮	bāng	돕다	6과 49쪽
棒球	bàngqiú	야구	9과 77쪽
杯	bēi	잔, 컵	4과 39쪽
杯子	bèizi	잔, 컵	6과 51쪽
本	běn	권, 책을 세는 단위	4과 39쪽
比萨	bǐsà	피자	4과 39쪽
别	bié	…하지 마라	11과 91쪽
冰淇淋	bīngqílín	아이스크림	4과 33쪽
不	bù	아니다	6과 55쪽
不要	búyào	…하지 마라	11과 95쪽
不知道	bù zhīdào	모르다	7과 58쪽

C

才	cái	…에야 비로소	11과 91쪽
草梅	cǎoméi	딸기	5과 47쪽
差	chà	부족하다, 차이나다	12과 103쪽
车	chē	차	2과 22쪽
吃	chī	먹다	4과 33쪽
吃饭	chī fàn	밥을 먹다	10과 83쪽
船	chuán	배	2과 23쪽

D

大	dà	크다	3과 28쪽
蛋糕	dàngāo	케이크	4과 39쪽
当然	dāngrán	당연하다	10과 86쪽
的	de	…의	6과 54쪽
等	děng	기다리다	8과 66쪽
第	dì	제, 차례	1과 9쪽
地铁	dìtiě	지하철	2과 23쪽
点	diǎn	시, 시간	3과 26쪽
电视	diànshì	텔레비전	3과 26쪽
电影	diànyǐng	영화	1과 10쪽
丁铃铃	dīnglínglíng	의성어	2과 22쪽
东东	Dōngdong	동동(등장인물)	1과 10쪽
东西	dōngxi	물건	4과 39쪽
动	dòng	움직이다	11과 94쪽
都	dōu	모두	3과 26쪽
都是	dōushì	모두 …이다	12과 102쪽
嘟嘟嘟	dūdūdū	의성어	2과 22쪽
读	dú	읽다, 공부하다	12과 98쪽
对不起	duì bu qǐ	미안하다	8과 70쪽
多少	duōshao	얼마나	5과 41쪽

E

| 二 | èr | 둘, 2 | 2과 17쪽 |

F

放	fàng	놓다	12과 102쪽
飞机	fēijī	비행기	2과 23쪽
分	fēn	분(시간)	5과 47쪽

G

高	gāo	높다, 키가 크다	8과 68쪽
哥哥	gēge	형, 오빠	4과 34쪽
个	ge	개(갯수를 세는 단위)	4과 39쪽
给	gěi	주다	4과 34쪽
跟	gēn	…와/과	1과 10쪽
公共汽车	gōnggòng qìchē	버스	2과 23쪽
公园	gōngyuán	공원	12과 103쪽
挂	guà	(고리 따위에)걸다	12과 102쪽
光明	guāngmíng	밝다, 빛	12과 102쪽

H

好	hǎo	좋다	1과 10쪽
好的	hǎode	좋아	4과 35쪽
好像	hǎoxiàng	마치 …같다	12과 102쪽
号	hào	번호, 날짜	3과 31쪽
喝	hē	마시다	4과 35쪽
和	hé	…와 / 과	1과 10쪽
很	hěn	매우	7과 60쪽
很好	hěn hǎo	매우 좋다	7과 60쪽
回家	huíjiā	집에 돌아가다	2과 17쪽
会	huì	배워서 …할 줄 안다	11과 94쪽
火车	huǒchē	기차	2과 23쪽
或者	huòzhě	혹은	12과 98쪽

J

几	jǐ	몇(10이하의 수)	3과 31쪽
几点	jǐ diǎn	몇 시	3과 25쪽
家	jiā	집	7과 63쪽
佳佳	Jiājia	쟈쟈(등장인물)	1과 10쪽
见	jiàn	보다	1과 15쪽
角	jiǎo	화폐단위(=毛)	5과 47쪽
叫	jiào	부르다	9과 76쪽
觉	jiào	잠, 수면	11과 91쪽
斤	jīn	근(500 g)	5과 47쪽
今年	jīnnián	올해, 금년	12과 98쪽
今天	jīntiān	오늘, 금일	3과 31쪽
进	jìn	들어가다	4과 36쪽
晶	jīng	반짝이다	12과 102쪽
九	jiǔ	아홉, 9	3과 30쪽
菊花	júhuā	국화	12과 100쪽

K

开始	kāishǐ	시작하다	12과 98쪽
看	kàn	보다	1과 10쪽
可乐	kělè	콜라	4과 35쪽
刻	kè	15분	12과 103쪽
课	kè	과, 수업	1과 9쪽
块	kuài	화폐단위(=元)	5과 43쪽

L

Lalala	lālālā	의성어	2과 22쪽
来	lái	오다	11과 91쪽
篮球	lánqiú	농구	9과 77쪽
懒	lǎn	게으르다	11과 91쪽
老师	lǎoshī	선생님	1과 15쪽
了	le	완료의 표지	10과 83쪽
累	lèi	피곤하다	8과 68쪽
里	lǐ	안, 속	7과 62쪽
脸	liǎn	얼굴	10과 87쪽
两	liǎng	둘, 2	3과 31쪽
亮	liàng	밝다, 빛을 내다	12과 102쪽
亮晶晶	liàngjīngjīng	반짝반짝하다	12과 102쪽
玲玲	Línglíng	링링(등장인물)	3과 34쪽
六	liù	여섯, 6	1과 14쪽

M

妈	mā	엄마	3과 28쪽
妈妈	māma	엄마	6과 49쪽
马	mǎ	말(동물)	2과 23쪽
吗	ma	…입니까?	6과 49쪽
买	mǎi	사다	4과 34쪽
满天	mǎntiān	온 하늘	12과 102쪽
忙	máng	바쁘다	8과 68쪽
毛	máo	화폐단위(=角)	5과 47쪽
帽子	màozi	모자	7과 57쪽
没	méi	없다, 아직 …않다	10과 87쪽
每天	měitiān	매일	12과 98쪽
妹妹	mèimei	여동생	3과 26쪽

N

奶奶	nǎinai	할머니	6과 52쪽
哪儿	nǎr	어디	2과 19쪽
呢	ne	…는요?	8과 66쪽
能	néng	가능하다, …할 수 있다	6과
你	nǐ	너, 당신	1과 9쪽
你们	nǐmen	너희, 당신들	10과 83쪽
年级	niánjí	학년	12과 98쪽
牛奶	niúnǎi	우유	4과 38쪽

P

啪嗒嗒	pādādā	의성어	2과 22쪽
爬山	páshān	등산하다	1과 15쪽
胖	pàng	뚱뚱하다, 살지다	11과 94쪽
陪	péi	모시다	8과 65쪽
朋友	péngyou	친구	6과 54쪽
朋友们	péngyoumen	친구들	12과 98쪽
苹果	píngguǒ	사과	4과 39쪽
乒乓球	pīngpāngqiú	탁구	9과 77쪽

Q

七	qī	일곱, 7	7과 57쪽
骑	qí	타다(주로 다리를 벌려 타는 것)	2과 23쪽
骑车	qí chē	자전거를 타다	2과 22쪽
起床	qǐ chuáng	일어나다	11과 91쪽
铅笔	qiānbǐ	연필	5과 47쪽
钱	qián	돈	4과 34쪽
请	qǐng	청하다	4과 36쪽
去	qù	가다	1과 10쪽

R

人	rén	사람	4과 39쪽
肉	ròu	고기	6과 55쪽

S

三	sān	셋, 3	3과 25쪽
四	sì	넷, 4	4과 33쪽
沙发	shāfā	소파	7과 58쪽
闪	shǎn	번쩍이다	12과 102쪽
上	shàng	위	7과 58쪽
上午	shàngwǔ	오전	3과 31쪽
上学	shàng xué	등교하다	12과 98쪽
上网	shàng wǎng	인터넷하다	1과 15쪽
上课	shàng kè	수업하다	10과 86쪽
谁	shéi	누구	9과 73쪽
什么	shénme	무엇	1과 9쪽
十	shí	열, 10	3과 26쪽
是	shì	…이다	9과 73쪽
事	shì	일	6과 51쪽
手	shǒu	손	10과 86쪽
书	shū	책	1과 15쪽
书包	shūbāo	책가방	7과 62쪽
刷牙	shuā yá	양치질하다	10과 87쪽

睡	shuì	자다	11과 91쪽
睡觉	shuì jiào	잠자다	3과 26쪽
睡懒觉	shuì lǎn jiào	늦잠을 자다	11과 91쪽
岁	suì	나이, 세	12과 98쪽

T

他	tā	그, 그사람	6과 55쪽
天	tiān	하늘	1과 14쪽
天安门	Tiān'ānmén	천안문(지명)	2과 23쪽
天空	tiānkōng	하늘	12과 102쪽
图书馆	túshūguǎn	도서관	12과 103쪽

W

蛙	wā	개구리	10과 84쪽
玩	wán	놀다	8과 71쪽
玩儿	wánr	놀다	3과 26쪽
晚上	wǎnshang	저녁	3과 25쪽
碗	wǎn	주발, 사발	6과 55쪽
王	wáng	왕	10과 84쪽
胃	wèi	위(신체 기관)	10과 84쪽
我	wǒ	나	1과 10쪽
我们	wǒmen	우리	1과 10쪽
五	wǔ	다섯, 5	5과 41쪽

X

洗	xǐ	씻다	6과 51쪽
洗脸	xǐ liǎn	얼굴을 씻다	10과 87쪽
喜鹊	xǐque	까치	12과 100쪽
洗手	xǐ shǒu	손을 씻다	10과 83쪽
洗澡	xǐzǎo	목욕하다	10과 87쪽
下课	xià kè	수업을 마치다	2과 19쪽
下午	xiàwǔ	오후	3과 31쪽
先	xiān	먼저	10과 83쪽

咸	xián	짜다	9과 76쪽
现在	xiànzài	현재	3과 30쪽
想	xiǎng	…하려 하다, 생각하다	1과 10쪽
小	xiǎo	작다	4과 36쪽
小龙	Xiǎolóng	샤오롱(등장인물)	1과 10쪽
小马	xiǎomǎ	망아지, 작은 말	7과 60쪽
小星星	xiǎoxīngxing	작은 별	12과 102쪽
小学	xiǎoxué	초등학교,소학교	12과 98쪽
小眼睛	xiǎoyǎnjing	작은 눈	12과 102쪽
谢谢	xièxie	고맙습니다	6과 54쪽
星期	xīngqī	요일	3과 31쪽
星期二	xīngqī'èr	화요일	1과 11쪽
星期六	xīngqīliù	토요일	1과 9쪽
星期天	xīngqītiān	일요일	1과 11쪽
星期一	xīngqīyī	월요일	1과 11쪽
星星	xīngxing	별	12과 102쪽
许多	xǔduō	대단히 많은	12과 102쪽
学习	xuéxí	공부하다	11과 94쪽
学校	xuéxiào	학교	7과 63쪽

Y

鸭	yā	오리	9과 76쪽
眼睛	yǎnjing	눈	12과 102쪽
要	yào	…하려 하다	3과 30쪽
爷爷	yéye	할아버지	6과 52쪽
也	yě	…도, 역시	1과 10쪽
也是	yěshì	역시 …이다	5과 43쪽
应该	yīnggāi	반드시 …해야 한다	10과 83쪽
一	yī	하나, 1	1과 9쪽
一杯	yì bēi	한 잔	4과 35쪽
一起	yìqǐ	함께	1과 10쪽
一天	yìtiān	하루, 1일	12과 97쪽
一下	yíxià	좀 …해 보다	6과 49쪽

衣柜	yīguì	옷장	7과 63쪽
以后	yǐhòu	이후	2과 19쪽
以前	yǐqián	이전	10과 83쪽
椅子	yǐzi	의자	7과 63쪽
影	yǐng	그림자	9과 76쪽
雨	yǔ	비	11과 92쪽
羽毛球	yǔmáoqiú	배드민턴	9과 73쪽
元	yuán	원(화폐단위=块)	5과 47쪽
院	yuàn	정원, 뜰	11과 92쪽
约	yuē	약속하다	11과 92쪽
月	yuè	달, 월	3과 31쪽
云	yún	구름	11과 92쪽

Z

在	zài	…에 있다	7과 57쪽
早饭	zǎofàn	아침 식사	10과 87쪽
早上	zǎoshang	아침	3과 31쪽
怎么	zěnme	어떻게	2과 19쪽
自己	zìjǐ	자기, 스스로	4과 34쪽
自行车	zìxíngchē	자전거	2과 23쪽
这	zhè	이, 이것	5과 44쪽
枝	zhī	자루(가늘고 긴 것을 세는 단위) 5과 47쪽	
知道	zhīdào	알다	7과 58쪽
钟	zhōng	시계, 시간	8과 66쪽
中国	Zhōngguó	중국	1과 15쪽
中午	zhōngwǔ	점심, 정오	3과 31쪽
抓	zhuā	잡다	11과 94쪽
准备	zhǔnbèi	준비(하다)	10과 86쪽
桌子	zhuōzi	탁자	7과 62쪽
走	zǒu	가다	2과 23쪽
走路	zǒulù	걸어가다	2과 17쪽
足球	zúqiú	축구	9과 77쪽

做	zuò	…하다	1과 9쪽
坐	zuò	앉다, 탈것을 타다	1과 15쪽
坐地铁	zuò dìtiě	지하철을 타다	2과 22쪽
作业	zuòyè	숙제	1과 14쪽

2. 단원별 새단어 찾기

제1과

吧	ba	…하자
第	dì	제, 차례
电影	diànyǐng	영화
东东	Dōngdong	동동(등장인물)
跟	gēn	…와/과
好	hǎo	좋다
和	hé	…와 / 과
佳佳	Jiājia	쟈쟈(등장인물)
见	jiàn	보다
看	kàn	보다
课	kè	과, 수업
老师	lǎoshī	선생님
六	liù	여섯, 6
你	nǐ	너, 당신
爬山	páshān	등산하다
去	qù	가다
上网	shàng wǎng	인터넷하다
什么	shénme	무엇
书	shū	책
天	tiān	하늘
我	wǒ	나
我们	wǒmen	우리
想	xiǎng	…하려 하다, 생각하다
小龙	Xiǎolóng	샤오롱(등장인물)
星期二	xīngqī'èr	화요일
星期六	xīngqīliù	토요일
星期天	xīngqītiān	일요일
星期一	xīngqīyī	월요일

也	yě	…도, 역시
一	yī	하나, 1
一起	yìqǐ	함께
中国	Zhōngguó	중국
做	zuò	…하다
坐	zuò	앉다, 탈것을 타다
作业	zuòyè	숙제1과

제2과

车	chē	차
船	chuán	배
地铁	dìtiě	지하철
丁铃铃	dīnglínglíng	의성어
嘟嘟嘟	dūdūdū	의성어
二	èr	둘, 2
飞机	fēijī	비행기
公共汽车	gōnggòng qìchē	버스
回家	huíjiā	집에 돌아가다
火车	huǒchē	기차
Lalala	lālālā	의성어
马	mǎ	말(동물)
哪儿	nǎr	어디
啪嗒嗒	pādādā	의성어
骑	qí	타다(주로 다리를 벌려 타는 것)
骑车	qí chē	자전거를 타다
天安门	Tiān'ānmén	천안문(지명)
下课	xià kè	수업을 마치다
以后	yǐhòu	이후
怎么	zěnme	어떻게
自行车	zìxíngchē	자전거
走	zǒu	가다
坐地铁	zuò dìtiě	지하철을 타다
走路	zǒulù	걸어가다

제3과

拔	bá	뽑다
大	dà	크다
点	diǎn	시, 시간
电视	diànshì	텔레비전
都	dōu	모두
号	hào	번호, 날짜
几	jǐ	몇(10이하의 수)
几点	jǐ diǎn	몇 시
今天	jīntiān	오늘, 금일
九	jiǔ	아홉, 9
两	liǎng	둘, 2
玲玲	Língling	링링(등장인물)
妈	mā	엄마
妹妹	mèimei	여동생
三	sān	셋, 3
上午	shàngwǔ	오전
十	shí	열, 10
睡觉	shuì jiào	잠자다
玩儿	wánr	놀다
晚上	wǎnshang	저녁
下午	xiàwǔ	오후
现在	xiànzài	현재
星期	xīngqī	요일
要	yào	…하려 하다
月	yuè	달, 월
早上	zǎoshang	아침
中午	zhōngwǔ	점심, 정오

제4과

吃	chī	먹다
杯	bēi	잔, 컵

本	běn	권(책을 세는 단위)
比萨	bǐsà	피자
冰淇淋	bīngqílín	아이스크림
蛋糕	dàngāo	케이크
东西	dōngxi	물건
哥哥	gēge	형, 오빠
个	ge	개(갯수를 세는 단위)
给	gěi	주다
好的	hǎode	좋아
喝	hē	마시다
进	jìn	들어가다
可乐	kělè	콜라
买	mǎi	사다
牛奶	niúnǎi	우유
苹果	píngguǒ	사과
钱	qián	돈
请	qǐng	청하다
人	rén	사람
四	sì	넷, 4
小	xiǎo	작다
一杯	yì bēi	한 잔
自己	zìjǐ	자기, 스스로

제5과

草梅	cǎoméi	딸기
多少	duōshao	얼마나
分	fēn	분(시간)
角	jiǎo	화폐단위(=毛)
斤	jīn	근(500 g)
块	kuài	화폐단위(=元)
毛	máo	화폐단위(=角)
铅笔	qiānbǐ	연필
五	wǔ	다섯, 5

也是	yěshì	역시 …이다
元	yuán	원(화폐단위=块)
这	zhè	이, 이것
枝	zhī	자루(가늘고 긴 것을 세는 단위)

제6과

爸爸	bàba	아빠
帮	bāng	돕다
杯子	bēizi	잔, 컵
不	bù	아니다
的	de	…의
妈妈	māma	엄마
吗	ma	…입니까?
奶奶	nǎinai	할머니
能	néng	가능하다, …할 수 있다
朋友	péngyou	친구
肉	ròu	고기
事	shì	일
他	tā	그, 그사람
碗	wǎn	주발, 사발
洗	xǐ	씻다
谢谢	xièxie	고맙습니다
爷爷	yéye	할아버지
一下	yíxià	좀 …해 보다

제7과

不知道	bù zhīdào	모르다
很	hěn	매우
很好	hěn hǎo	매우 좋다
家	jiā	집
里	lǐ	안, 속
帽子	màozi	모자
七	qī	일곱, 7

沙发	shāfā	소파
上	shàng	위
书包	shūbāo	책가방
小马	xiǎomǎ	망아지, 작은 말
学校	xuéxiào	학교
衣柜	yīguì	옷장
椅子	yǐzi	의자
在	zài	…에 있다
知道	zhīdào	알다
桌子	zhuōzi	탁자

제8과

八	bā	여덟, 8
等	děng	기다리다
对不起	duì bu qǐ	미안하다
高	gāo	높다, 키가 크다
累	lèi	피곤하다
忙	máng	바쁘다
呢	ne	…는요?
陪	péi	모시다
玩	wán	놀다
钟	zhōng	시계, 시간

제9과

棒球	bàngqiú	야구
叫	jiào	부르다
篮球	lánqiú	농구
乒乓球	pīngpāngqiú	탁구
谁	shéi	누구
是	shì	…이다
咸	xián	짜다
鸭	yā	오리
影	yǐng	그림자

| 羽毛球 | yǔmáoqiú | 배드민턴 |
| 足球 | zúqiú | 축구 |

제10과

吃饭	chī fàn	밥을 먹다
当然	dāngrán	당연하다
了	le	완료의 표지
脸	liǎn	얼굴
没	méi	없다, 아직 …않다
你们	nǐmen	너희, 당신들
上课	shàng kè	수업하다
手	shǒu	손
刷牙	shuā yá	양치질하다
蛙	wā	개구리
王	wáng	왕
胃	wèi	위(신체 기관)
洗脸	xǐ liǎn	얼굴을 씻다
洗手	xǐ shǒu	손을 씻다
洗澡	xǐzǎo	목욕하다
先	xiān	먼저
应该	yīnggāi	반드시 …해야 한다
以前	yǐqián	이전
早饭	zǎofàn	아침 식사
准备	zhǔnbèi	준비(하다)

제11과

才	cái	…에야 비로소
别	bié	…하지 마라
不要	búyào	…하지 마라
动	dòng	움직이다
会	huì	배워서 …할 줄 안다
觉	jiào	잠, 수면
来	lái	오다

懒	lǎn	게으르다
爱	ài	사랑하다
胖	pàng	뚱뚱하다, 살지다
起床	qǐ chuáng	일어나다
睡	shuì	자다
睡懒觉	shuì lǎn jiào	늦잠을 자다
学习	xuéxí	공부하다
雨	yǔ	비
院	yuàn	정원, 뜰
约	yuē	약속하다
云	yún	구름
抓	zhuā	잡다

제12과

差	chà	부족하다, 차이나다
半	bàn	반, $\frac{1}{2}$, 30분
放	fàng	놓다
都是	dōushì	모두 …이다
读	dú	읽다, 공부하다
公园	gōngyuán	공원
挂	guà	(고리 따위에)걸다
光明	guāngmíng	밝다, 빛
好像	hǎoxiàng	마치 …같다
或者	huòzhě	혹은
今年	jīnnián	올해, 금년
晶	jīng	반짝이다
菊花	júhuā	국화
开始	kāishǐ	시작하다
刻	kè	15분
亮	liàng	밝다, 빛을 내다
亮晶晶	liàngjīngjīng	반짝반짝하다
满天	mǎntiān	온 하늘
每天	měitiān	매일

年级	niánjí	학년
朋友们	péngyoumen	친구들
闪	shǎn	번쩍이다
上学	shàng xué	등교하다
岁	suì	나이, 세
天空	tiānkōng	하늘
图书馆	túshūguǎn	도서관
喜鹊	xǐque	까치
小星星	xiǎoxīngxing	작은 별
小学	xiǎoxué	초등학교, 소학교
小眼睛	xiǎoyǎnjing	작은 눈
星星	xīngxing	별
许多	xǔduō	대단히 많은
眼睛	yǎnjing	눈
一天	yìtiān	하루, 1일

어린이 중국어 자장면

흥미롭고 재미있는, 가장 쉬운 어린이 중국어

특별부록

학습장, 단어카드, 교재 녹음CD
학습장 녹음CD, 플래시 학습자료 CD
mp3 무료 다운로드

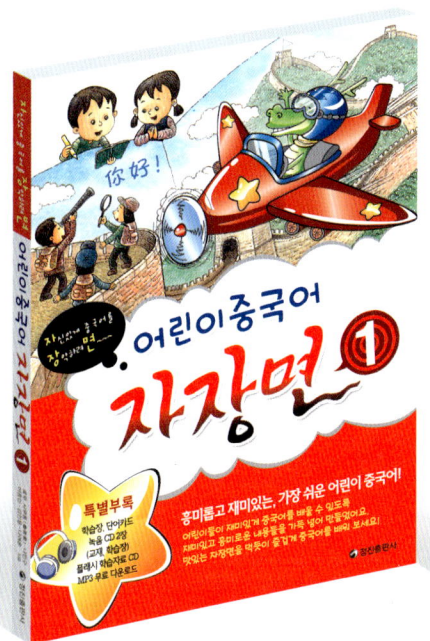

로우 시우룽(婁秀榮)·나민구·이종민·김인용·나여훈 지음
정가 : 14,000원

1 듣고, 보고, 읽고, 말하고, 노래하면서 중국어를
자연스럽게 접할 수 있도록 구성하였습니다.

2 집에서도 학교에서 배우는 것과 같은 학습 효과를
얻을 수 있도록 '플래시 학습자료CD'를 제공합니다.

3 다양한 학습 보조 자료를 제공해 즐거운 수업이
가능하도록 하였습니다

별매 정가 : 6,000원

'어린이 중국어 자장면'의 효과적인 학습지도를 위한 **교사용 지도서**

저자 소개

1. 집필진 로우 시우롱(姜秀荣) 심양사범대학 국제교육학원 부교수
          나민구   수원대학교 중국어학과 교수
          이종민   경기도 외국어교육연수원 교육연구사
          김인용   수원외국어고등학교 중국어 교사
          나여훈   서울 남성초등학교 교사

2. 연구진 박정기   경기도 교육청 학교정책과 장학사
          김성철   경기도 외국어교육연수원 중국어 교사 교육담당
          임덕환   경기도 외국어교육연수원 온라인 교육팀 팀장

어린이 중국어
자장면②

• 허가 없이 무단표절과 전재를 금합니다.
• 이 교재에는 듣기 CD 및 학습 플래시 CD, 학습장이 포함되어 있습니다.

초판 1쇄 발행 2008년 3월 15일
    3쇄 발행 2011년 9월 15일

지은이   로우 시우롱, 나민구, 이종민, 김인용, 나여훈
펴낸이   박해성

펴낸곳   🟢 정진출판사 jeongjinpub.co.kr
          136-130 서울시 성북구 하월곡동 10-6 (화랑로123-9)
          전화 02) 917-9900   팩스 02) 917-9907   이메일 jj1461@chol.com

          편집 /박주홍, 허다경   디자인 /프리콤(Precom)
          삽화 /김태란   챈트음악 /박재록
          녹음 /예성음향

출판등록 1989. 12. 20. 제6-95호
          Copyright ⓒ 2008 정진출판사

ISBN   978-89-5700-077-9   63720

정가   14,000 원

어린이 중국어 **자장면 2**

제 | 2 과

看电视

kàn diànshì

텔레비전을 보다

어린이 중국어 자장면 2 제1과

看电影

kàn diànyǐng

영화를 보다

어린이 중국어 자장면 2 제1과

做作业

zuò zuòyè

숙제하다

어린이 중국어 자장면 2 제1과

上网

shàng wǎng

인터넷을 하다

제 1 2 과

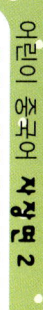

제 1 2 과

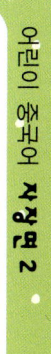

제 1 2 과

제 1 2 과

跟朋友玩儿
gēn péngyǒu wánr
친구와 놀다

去公园
qù gōngyuán
공원에 가다

看书
kàn shū
책을 보다

玩儿游戏
wánr yóuxì
게임을 하다

어린이 중국어 **차장멀 2**
제 4.2가

어린이 중국어 **차장멀 2**
제 4.2가

어린이 중국어 **차장멀 2**
제 4.2가

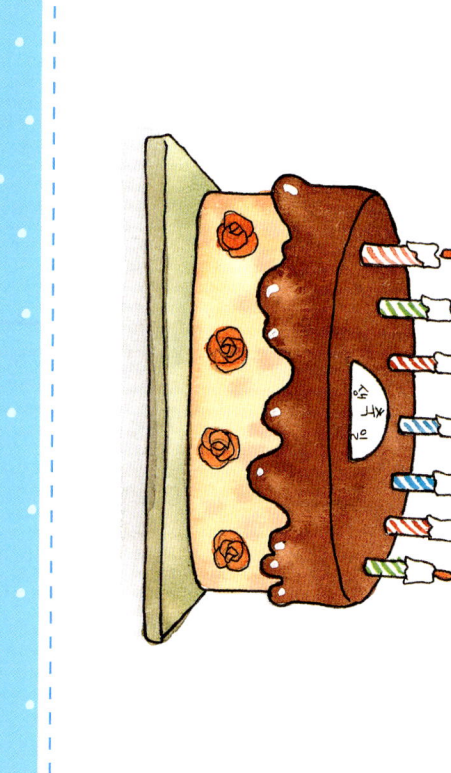

어린이 중국어 **차장멀 2**
제 4.2가

冰淇淋
bīngqílín
아이스크림

比萨饼
bǐsàbǐng
피자

蛋糕
dàngāo
케이크

苹果
píngguǒ
사과

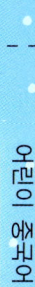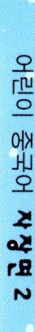

牛奶

niǔnǎi

우유

水

shuǐ

물

可乐

kělè

콜라

橙汁

chéngzhī

오렌지 주스

看电影

kàn diànyǐng

玩 wán

去 qù

吃饭 chīfàn

你能陪我看电影吗?

Nǐ néng péi wǒ kàn diànyǐng ma?

너 나를 데리고 영화를 볼 수 있니?

你能陪我玩儿吗?

Nǐ néng péi wǒ wánr ma?

너 나를 데리고 놀 수 있니?

你能陪我去吗?

Nǐ néng péi wǒ qù ma?

너 나를 데리고 갈 수 있니?

你能陪我吃饭吗?

Nǐ néng péi wǒ chīfàn ma?

너 나를 데리고 밥 먹을 수 있니?

好 hǎo 좋아

对不起 duì bu qǐ 미안해

好 hǎo 좋아

对不起 duì bu qǐ 미안해

재미있는 원리로 배우는
한자능력검정시험 시리즈(전 5권)

쏙쏙 머리에 들어오는 한자, **척척** 붙는 한자능력검정시험!

• 컴퓨터로 분석한 출제빈도 높은 활용어 정리
• 한눈에 들어오는 짜임새 있는 편집 체재
• 재미있는 한자의 구성 원리를 그림과 함께 해설
• 한자를 쓰면서 익힐 수 있도록 연습란 구성
• 기출 및 예상문제 5회분 수록

재미있는 원리로 배우는 **한자능력검정시험 8.7급** | 국배판 144면

재미있는 원리로 배우는 **한자능력검정시험 6급** | 국배판 122면(6급II 포함)

재미있는 원리로 배우는 **한자능력검정시험 5급** | 국배판 120면

재미있는 원리로 배우는 **한자능력검정시험 4급** | 국배판 184면(4급II 포함)

재미있는 원리로 배우는 **한자능력검정시험 3급** | 국배판 256면(3급II 포함)

어린이중국어

자장면~

학습장

②

로우 시우롱(娄秀荣) · 나민구 · 이종민 · 김인용 · 나여훈 지음

정진출판사

 귀를 쫑끗 '听 tīng'

1. 녹음을 듣고 중국어 발음을 따라해 보세요.

a o e i u ü

2. 녹음을 듣고 말하는 사람이 하고 싶어하는 것을 골라 괄호에 번호를 써 보세요.

(1) (　　　)　　　　(2) (　　　)　　　　(3) (　　　)

 소곤소곤 '说 Shuō'

3. 동동의 계획표를 보고 빈칸에 들어갈 말을 해 보세요.

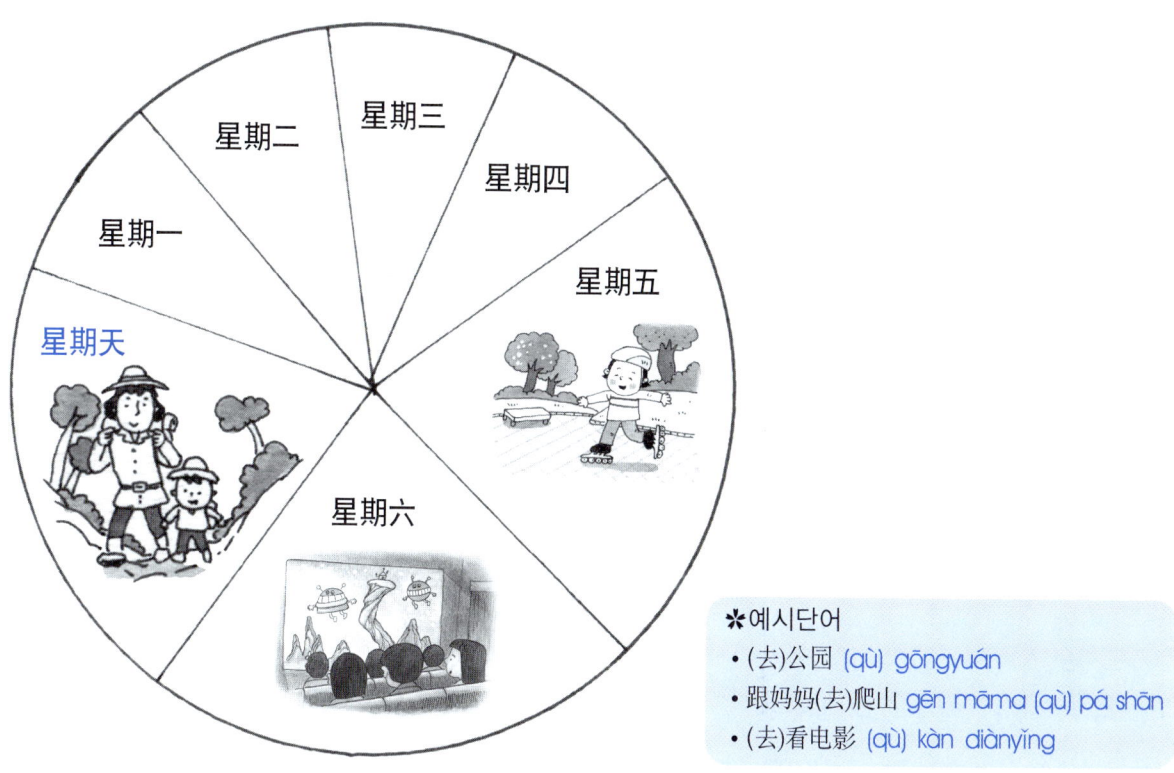

星期二　星期三
星期一　　　　星期四
　　　　　　　星期五
星期天
星期六

✱예시단어
• (去)公园 (qù) gōngyuán
• 跟妈妈(去)爬山 gēn māma (qù) pá shān
• (去)看电影 (qù) kàn diànyǐng

(1) 샤오롱 : 东东, 星期五你做什么？ Dōngdong, xīngqīwǔ nǐ zuò shénme?
동동 : 我想

(2) 샤오롱 : 东东, 星期六你做什么？ Dōngdong, xīngqīliù nǐ zuò shénme?
동동 : 我想

(3) 샤오롱 : 东东, 星期天你做什么？ Dōngdong, xīngqītiān nǐ zuò shénme?
동동 : 我想

1 星期六你做什么?

갈갈갈라 '玩儿 wánr'

4. '주말에 할 일을 찾아줘!'

중국어 문장과 일치하는 그림을 찾아 선으로 연결하세요.

(1) 东东看电影。 •

Dōngdong kàn diànyǐng.

ⓐ  책읽기

(2) 佳佳看书。 •

Jiājia kàn shū.

ⓑ  인터넷하기

(3) 玲玲做作业。 •

Língling zuò zuòyè.

ⓒ  숙제하기

(4) 小龙上网。 •

Xiǎolóng shàng wǎng.

※ 上网 shàng wǎng 인터넷을 하다

ⓓ  영화보기

 쓱싹쓱싹 '写 xiě'

5. 중국어를 쓰는 순서에 맞게 써 보세요.

看	看	看			
kàn 보다	kàn	kàn			

一 二 三 手 禾 看 看 看

电影	电	影			
diànyǐng 영화	diàn	yǐng			

丨 冂 冂 日 电　丶 冂 冂 日 旦 早 早 昌 昙 景 景 影 影 影

和	和	和			
hé …와/과	hé	hé			

二 千 禾 禾 禾 和 和

吧	吧	吧			
ba …하자	ba	ba			

丨 冂 口 口 吧 吧 吧

정답!
2. (1) ⓒ　　(2) ⓐ　　(3) ⓑ
3. (1) (我想)去公园。　(2) (我想)去看电影。　(3) (我想)跟妈妈去爬山。
4. (1) ⓓ　　(2) ⓐ　　(3) ⓒ　　(4) ⓑ

 귀를 쫑긋 '听 tīng'

1. 녹음을 듣고 중국어 발음을 따라해 보세요.

ai ei ao ou
an ang en eng er

2. 녹음을 듣고 쟈쟈의 대답에 해당하는 그림을 고르세요.

① ② ③ ④

 소곤소곤 '说 Shuō'

3. 그림을 보고 빈칸에 들어갈 말을 해 보세요.

下课以后，
你去哪儿?

✱예시단어
• 公园 gōngyuán
• 回家 huí jiā
• 图书馆 túshūguǎn
• 邮局 yóujú

(1)

我＿＿＿＿＿＿＿。

(2)

我去＿＿＿＿＿＿＿。

(3)

我去＿＿＿＿＿＿＿。

(4)

我去＿＿＿＿＿＿＿。

2 我走路回家

캴캴캴라 '玩儿 wánr'

4. 중국어 구문과 일치하는 그림을 찾아 선으로 연결하세요.

(1) 走路
zǒulù

ⓐ

(2) 骑车
qí chē

ⓑ

(3) 坐公共汽车
zuò gōnggòng qìchē

ⓒ

(4) 坐地铁
zuò dìtiě

ⓓ

 쓱싹쓱싹 '写 xiě'

5. 중국어를 쓰는 순서에 맞게 써 보세요.

怎么
zěnme 어떻게

怎	么				
zèn	me				

丿 ∠ 亇 午 乍 乍 怎 怎 怎　丿 ∠ 么

走
zǒu 가다

走	走				
zǒu	zǒu				

一 十 土 キ キ 走 走

路
lù 길

路	路				
lù	lù				

丶 ㄈ ㅁ 尸 尸 尸 呈 昆 跗 趵 政 路 路 路

回
huí 돌아가다

回	回				
huí	huí				

丨 冂 冂 冋 冋 回

정답!

2. ②

3. (1) 回家　(2) 公园　(3) 邮局　(4) 图书馆

4. (1) ⓐ　(2) ⓒ　(3) ⓓ　(4) ⓑ

9

 귀를 쫑긋 '听 tīng'

1. 녹음을 듣고 중국어 발음을 따라해 보세요.

b p m f
d t n l

2. 중국어 녹음을 듣고 단어의 발음과 성조를 표기해 보세요.

(1) 妈

(2) 拔

(3) 马

(4) 大

소곤소곤 '说 Shuō'

3. 그림을 보고 동동이 저녁에 무엇을 하는지 중국어로 말해 보세요.

(1)

(2)

(3)

(4)

❋예시단어
• 跟妹妹玩儿 gēn mèimei wánr　• 看电视 kàn diànshì　• 上网 shàng wǎng　• 作作业 zuò zuòyè

4. 다음 샤오롱의 질문에 중국어로 대답해 보세요.

你晚上几点睡觉?

"Nǐ wǎnshang jǐ diǎn shuìjiào?"

대답 : 我晚上 ☐ ☐ 睡觉。

Wǒ wǎnshang _____ shuì jiào.

11

 갈갈갈갈 '玩儿 wánr'

5. 다음 중 바르게 시간을 읽은 친구를 찾아 보세요.

① 동동 : 六点   ② 쟈쟈 : 七点

③ 링링 : 六点三十分   ④ 샤오롱 : 八点

6. 몇 시에 자나요? 친구들이 몇 시에 자는지 중국어로 써 보세요.

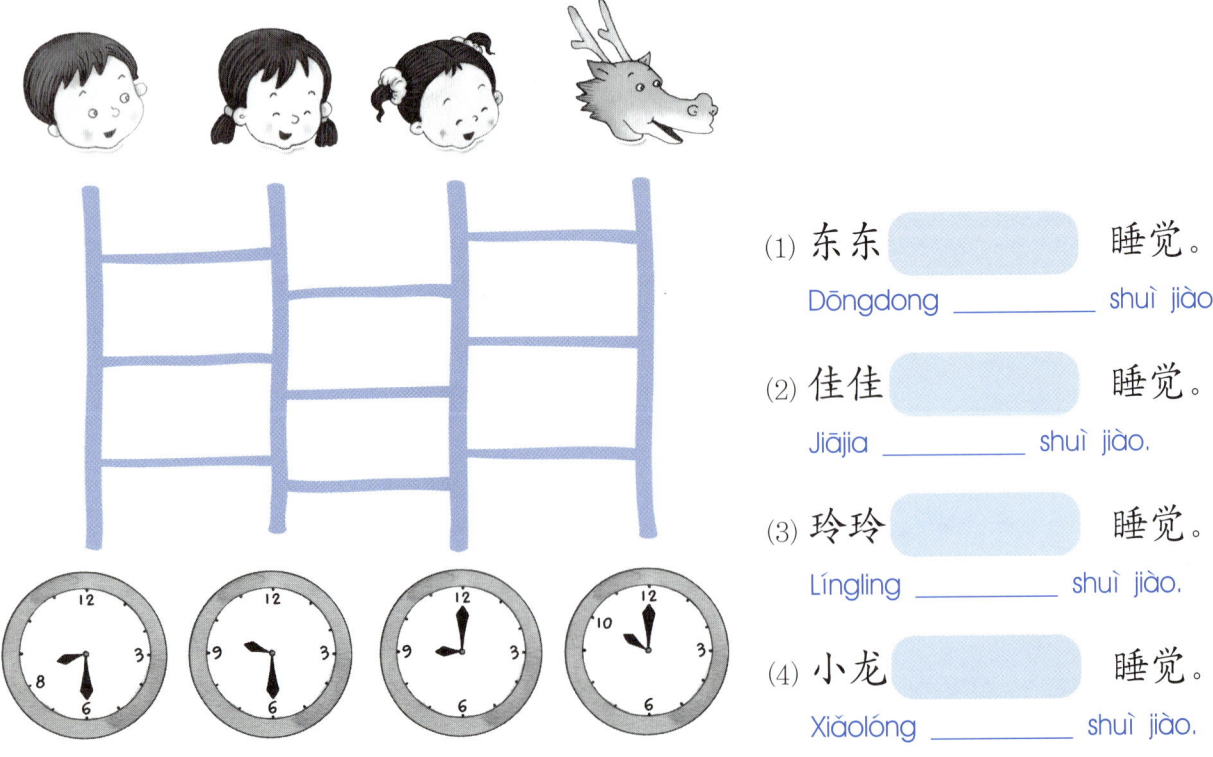

(1) 东东 _____ 睡觉。
　　Dōngdong _____ shuì jiào.

(2) 佳佳 _____ 睡觉。
　　Jiājia _____ shuì jiào.

(3) 玲玲 _____ 睡觉。
　　Língling _____ shuì jiào.

(4) 小龙 _____ 睡觉。
　　Xiǎolóng _____ shuì jiào.

쓱싹쓱싹 '写 xiě'

7. 중국어를 쓰는 순서에 맞게 써 보세요.

晚上 wǎnshang 저녁	晚 上 wǎn shang

丿 刂 冂 日 日 旷 旷 昡 昡 晚 晚   丨 卜 上

电视 diànshì 텔레비전	电 视 diàn shì

丿 冂 冂 日 电   丶 亍 衤 衤 礻 初 初 视 视

点 diǎn 시, 시간	点 点 diǎn diǎn

丨 卜 占 占 占 占 点 点 点

跟 gēn …와 / 과	跟 跟 gēn gēn

丶 冂 冂 口 口 吊 吊 趴 趴 趴 趴 跟 跟 跟

정답!

2. (1) mā   (2) bá   (3) mǎ   (4) dà

3. (1) 做作业   (2) 看电视   (3) 上网   (4) 跟妹妹玩儿

4. (我晚上)九点(睡觉。)   5. ③

6. 동동 : 9시 30분 (九点三十分), 쟈쟈 : 10시 (十点), 링링 : 8시 30분 (八点三十分),
   샤오롱 : 9시 (九点)

 귀를 쫑긋 '听 tīng'

1. 녹음을 듣고 중국어 발음을 따라해 보세요.

g k h j q x

2. 녹음을 듣고 해당하는 곳에 ∨ 표시를 해 보세요.

(1) ☐ jīn   ☐ jín   ☐ jǐn   ☐ jìn

进

(2) ☐ qīng   ☐ qíng   ☐ qǐng   ☐ qìng

请

(3) ☐ xiāo   ☐ xiáo   ☐ xiǎo   ☐ xiào

小

소곤소곤 '说 Shuō'

3. 그림의 친구들이 먹고 싶어 하는 것을 중국어로 말해 보세요

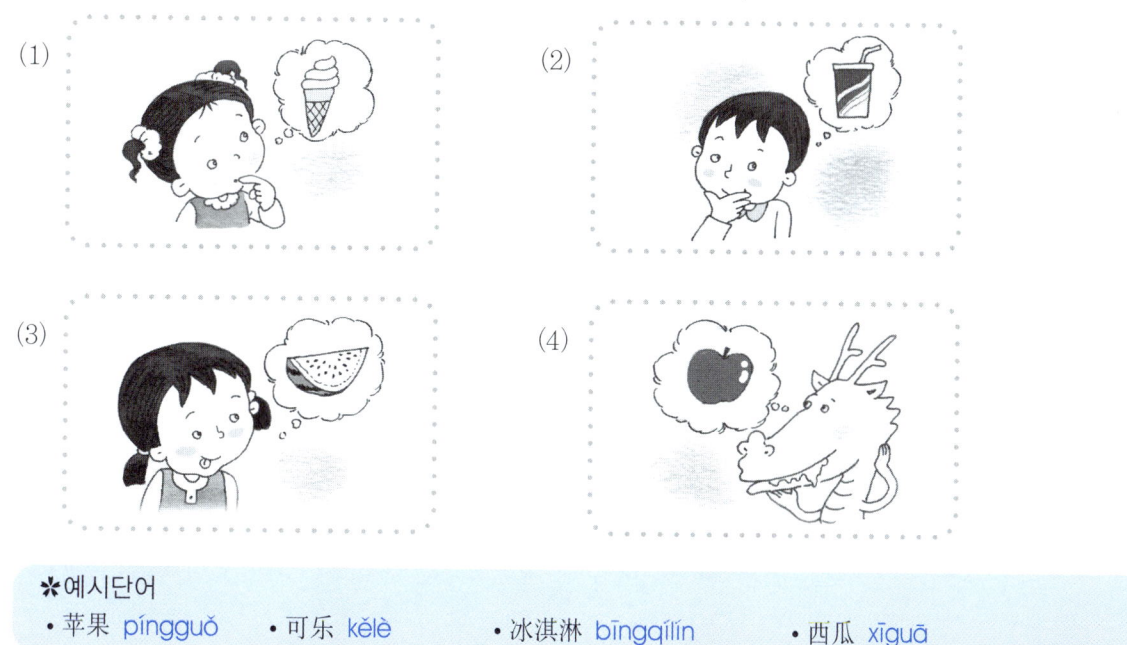

(1)

(2)

(3)

(4)

✳예시단어
• 苹果 píngguǒ   • 可乐 kělè   • 冰淇淋 bīngqílín   • 西瓜 xīguā

깔깔깔라 '玩儿 wánr'

4. 제시된 동사와 어울리는 것을 찾아 번호를 써 보세요.

❶ ❷ ❸ ❹ ❺ ❻ ❼ ❽

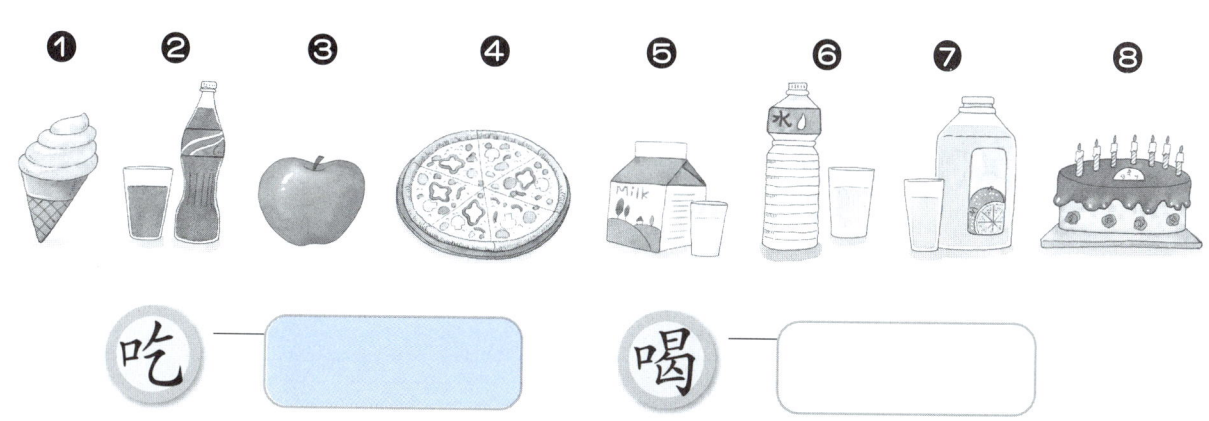

吃 ☐

喝 ☐

 쓱싹쓱싹 '写 xiě'

5. 중국어를 쓰는 순서에 맞게 써 보세요.

想					
想	想				
xiǎng	xiàng				

xiǎng …하고 싶다

一 十 才 木 机 相 相 相 相 相 想 想 想

买					
买	买				
mǎi	mǎi				

mǎi 사다

フ フ マ 买 买 买

喝					
喝	喝				
hē	hē				

hē 마시다

丨 冂 冂 口 旷 吗 吗 吗 唱 唱 喝 喝

杯					
杯	杯				
bēi	bēi				

bēi 잔 / 컵

一 十 才 木 木 杯 杯 杯

정답!

2. (1) jìn (2) qǐng (3) xiǎo

3. (1) 冰淇淋 bīngqílín (2) 可乐 kělè (3) 西瓜 xīguā (4) 苹果 píngguǒ

4. 吃 : ① ③ ④ ⑧ 喝 : ② ⑤ ⑥ ⑦

★ 장바구니를 채워 볼까요?

장바구니가 조금 비었네요.
여러분이 먹고 싶거나 마시고 싶은 것을 그려 넣어 볼까요?
고른 물건을 넣어서 문장으로 쓰고 말해 봅시다.

你想吃 [喝] 什么?

문장으로 쓰고 말하기

我想

我

5 콜라는 한 잔에 얼마인가요? 可乐多少钱一杯?

귀를 쫑끗 '听 tīng'

1. 녹음을 듣고 중국어 발음을 따라해 보세요.

zh ch sh r z c s

2. 녹음을 듣고 해당하는 곳에 ∨표시를 해 보세요.

(1)
吃
☐ chī ☐ chí ☐ chǐ ☐ chì

(2)
这
☐ zhē ☐ zhé ☐ zhě ☐ zhè

(3)
书
☐ shū ☐ shú ☐ shǔ ☐ shù

(4)
人
☐ rēn ☐ rén ☐ rěn ☐ rèn

소곤소곤 '说 Shuō'

3. 중국 여행 중에 동동이 패스트푸드점에 갔어요. 동동은 시원한 콜라를 마시고 싶어요.
콜라 한 잔이 얼마인지 중국어로 어떻게 물어 볼까요?

4. 그림을 보고 가게에 있는 물건 값을 중국어로 말해 보세요

(1)

三元

(2)

三元

(3)

一元

(4)

十元

5 可乐多少钱一杯?

갈갈갈라 '玩儿 wánr'

5. 얼마일까요?

보기와 같이 알맞은 양사를 써서 물건의 가격을 물어 봅시다.

(1) 딸기는 한 근에 얼마인가요?

草莓多少钱一(　　　)?

Cǎoméi duōshao qián yì (　　)?

(2) 콜라는 한 잔에 얼마인가요?

可乐多少钱一(　　　)?

Kělè duōshao qián yì (　　)?

(3) 책은 한 권에 얼마인가요?

书多少钱一(　　　)?

Shū duōshao qián yì (　　)?

보기

杯(bēi)　　本(běn)　　斤(jīn)　　支(zhī)
把(bǎ)　　个(gè)

쓱싹쓱싹 '写 xiě'

6. 중국어를 쓰는 순서에 맞게 써 보세요.

多少
duōshao 얼마나

多	少				
duō	shǎo				

丿 ㇇ 夕 夕 多 多　丨 ㇄ 小 少

钱
qián 돈

钱	钱				
qián	qián				

丿 𠂉 ⺧ 钅 钅 钅 钱 钱 钱

个
gè …개(물건셀 때)

个	个				
gè	gè				

丿 人 个

可乐
kělè 콜라

可	乐				
kě	lè				

一 丁 𠃍 可 可　丿 ㇗ 乐 乐 乐

정답!

2. (1) chī (2) zhè (3) shū (4) rén

3. 可乐多少钱一杯? Kělè duōshao qián yì bēi?/一杯可乐多少钱? Yì bēi kělè duōshao qián?

4. (1) 冰淇淋三块钱一个。 Bīngqílín sān kuài qián yí ge. (2) 可乐三块钱一杯。 Kělè sān kuài qián yì bēi. (3) 苹果一块钱三个。 Píngguǒ yí kuài qián sān ge. (4) 西瓜十块钱一个。 Xīguā shí kuài qián yí ge.

5. (1) 斤(jīn) (2) 杯(bēi) (3) 本(běn)

6 엄마를 좀 도와줄 수 있겠니? *你能帮妈妈一下吗?*

 귀를 쫑긋 '听 tīng'

1. 녹음을 듣고 단어의 발음을 써 보세요.

(1) 妈妈

(2) 爷爷

(3) 奶奶

(4) 爸爸

2. 위 단어들의 두 번째 글자는 어떻게 발음할까요. 다시 한번 잘 듣고 맞춰 보세요.

妈<u>妈</u>   爷<u>爷</u>   奶<u>奶</u>   爸<u>爸</u>

① 제1성 : 높고 길게 나는 소리로 발음한다.

② 제2성 : 아래에서 위로 올라가는 소리로 발음한다.

③ 제3성 : 아래로 내려 갔다가 다시 위로 올라가는 소리로 발음한다.

④ 제4성 : 강하고 짧게 위에서 아래로 나는 소리로 발음한다.

⑤ 경성 : 가볍고 짧게 나는 소리로 발음한다.

3. 중국어의 성조는 어떻게 소리가 날까요? 성조에 맞게 샤오롱의 불을 그려 보세요.

(1) 제1성
   높고 길게 나는 소리

———————— 5
———————— 4
———————— 3
———————— 2
———————— 1

(2) 제2성
   아래에서 위로 올라가는 소리

———————— 5
———————— 4
———————— 3
———————— 2
———————— 1

(3) 제3성
   아래로 내려갔다가
   다시 위로 올라가는 소리

———————— 5
———————— 4
———————— 3
———————— 2
———————— 1

(4) 제4성
   위에서 아래로 강하게 나는 소리

———————— 5
———————— 4
———————— 3
———————— 2
———————— 1

6 你能帮妈妈一下吗?

소곤소곤 '说 Shuō'

4. 그림을 보고 등장인물이 하는 말을 중국어로 말해 보세요.

✽예시문장 · 你能帮( )一下吗? *Nǐ néng bāng _____ yíxià ma?*

(1)
> 엄마 좀 도와 줄 수 있니?

(2)
> 아빠 좀 도와 줄 수 있니?

(3)
> 나 좀 도와 줄 수 있니?

깔깔깔깔 '玩儿 wánr'

5. 바르게 말하기

엄마가 동동에게 도움을 청하시나 봐요. 그런데 엄마가 무슨 말씀을 하고 계신 거죠?
문장을 바르게 써서 엄마가 도움을 청할 수 있도록 여러분도 도와 주세요!

帮 / 一下 / 你 / 吗? / 我 / 能

?

好!

 쓱싹쓱싹 '写 xiě'

6. 중국어를 쓰는 순서에 맞게 써 보세요.

能 néng …할 수 있다

能	能				
néng	néng				

ノ 厶 亍 育 育 育 能 能 能

帮 bāng 돕다

帮	帮				
bāng	bāng				

一 二 三 丰 邦 邦 帮 帮 帮

事 shì 일

事	事				
shì	shì				

一 ｢ 戸 므 吾 写 写 事

洗 xǐ 씻다

洗	洗				
xǐ	xǐ				

丶 氵 氵 氵 汇 汫 洮 洗 洗

정답!

1. (1) māma (2) yéye (3) nǎinai (4) bàba 2. ⑤

3. (1) → (5-5) (2) ノ (3-5) (3) ⌒ (2-1-4) (4) ＼ (5-1)

4. (1) 你能帮妈妈一下吗? (2) 你能帮爸爸一下吗? (3) 你能帮我一下吗?

5. 你能帮我一下吗? Nǐ néng bāng wǒ yíxià ma?

25

7 내 모자는 어디 있지요? 我的帽子在哪儿?

귀를 쫑끗 '听 tīng'

1. 녹음을 듣고, 성조에 유의하며 중국어 발음을 따라해 보세요.

你好 nǐ hǎo   很好 hěn hǎo   小马 xiǎo mǎ   几点 jǐ diǎn

2. 녹음을 듣고, 성조 변화가 나머지 하나와 다른 것을 고르세요.

(1) 很好   (2) 好吃   (3) 美好   (4) 也好

소곤소곤 '说 Shuō'

3. 동동의 물건과 샤오롱이 있는 곳을 찾아보세요.

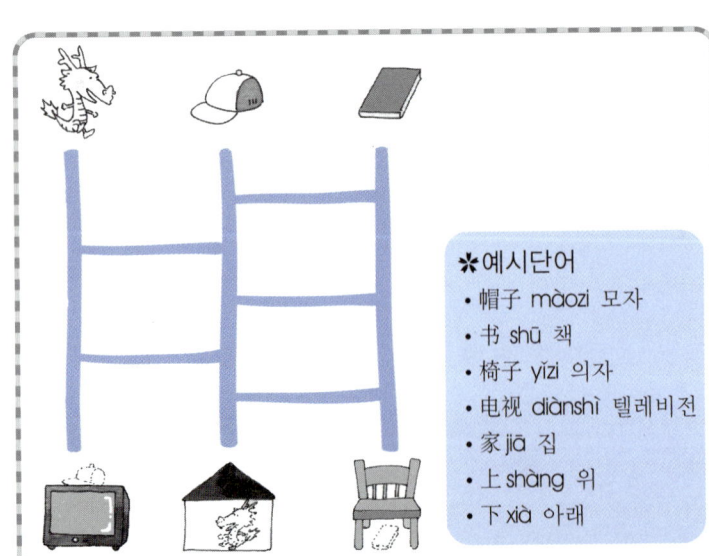

✻예시단어
• 帽子 màozi 모자
• 书 shū 책
• 椅子 yǐzi 의자
• 电视 diànshì 텔레비전
• 家 jiā 집
• 上 shàng 위
• 下 xià 아래

(1) 小龙在哪儿?
   Xiǎolóng zài nǎr?
   ☞

(2) 东东的帽子在哪儿?
   Dōngdong de màozi zài nǎr?
   ☞

(3) 东东的书在哪儿?
   Dōngdong de shū zài nǎr?
   ☞

 깔깔깔깔 '玩儿 wánr'

4. '小龙在哪儿?' 샤오롱은 어디에 있나요?

샤오롱은 지금 어디에 있는 걸까요? 괄호 안에 위치를 나타내는 말을 넣어 문장을 완성해 보세요.

(1)

小龙在桌子(　　　)。
Xiǎolóng zài zhuōzi (　　　).

(2)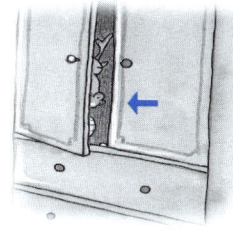

小龙在衣柜(　　　)。
Xiǎolóng zài yīguì (　　　).

(3)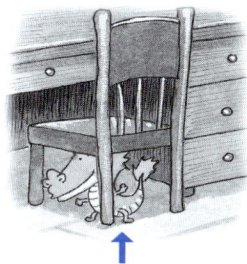

小龙在椅子(　　　)。
Xiǎolóng zài yǐzi (　　　).

(4)

小龙在书包(　　　)。
Xiǎolóng zài shūbāo (　　　).

보기　　上(shàng)　　下(xià)　　里(lǐ)

27

 쓱싹쓱싹 '写 xiě'

5. 중국어를 쓰는 순서에 맞게 써 보세요.

知道
zhīdào 알다

知	道			
zhī	dào			

丿 ㇊ ㇠ 乍 矢 知 知 知　丶 丶 䒑 䒑 产 芦 芦 首 首 道 道 道

帽子
màozi 모자

帽	子			
mào	zi			

丨 冂 巾 帆 帆 帆 帆 帆 帽 帽 帽 帽　㇇ 了 子

沙发
shāfā 소파

沙	发			
shā	fā			

丶 丶 氵 沪 沙 沙 沙　一 ナ 发 发 发

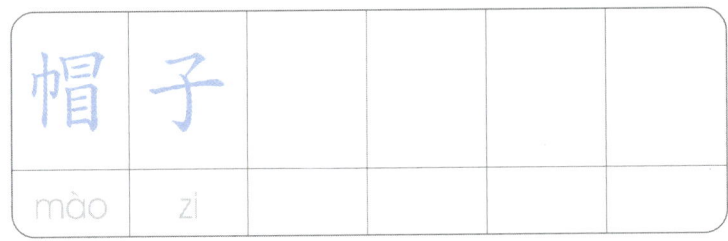

★샤오롱의 모자는 어디 갔을까?

8 너와 놀아줄 수 있어요? 你能陪我玩儿吗?

 귀를 쫑긋 '听 tīng'

1. 녹음을 듣고, 성조에 유의하며 중국어 발음을 따라해 보세요.

很高 hěn gāo　　很忙 hěn máng　　很累 hěn lèi　　奶奶 nǎinai

2. 녹음을 듣고, 물음에 답하세요.

(1) 동동은 무엇을 하고 있나요? (　　　)

(2) 동동은 몇 분 후에 엄마를 도와 줄 생각인가요? (　　　)

　　① 3분　　　② 5분　　　③ 10분　　　④ 15분

 소곤소곤 '说 Shuō'

3. 시계를 보고 시간을 말해 보세요. 한자와 한어병음으로도 써 보세요.

(1) "东东, 现在几点?"
　　Dōngdong, xiànzài jǐ diǎn?

☞ _____ / _____

(2) "东东, 现在几点?"
　　Dōngdong, xiànzài jǐ diǎn?

☞ _____ / _____

(3) "东东, 现在几点?"
　　Dōngdong, xiànzài jǐ diǎn?

☞ _____ / _____

쓱싹쓱싹 '写 xiě'

5. 중국어를 쓰는 순서에 맞게 써 보세요.

作业
zuòyè 숙제

作	业				
zuò	yè				

ノ 亻 亻 亻 作 作 作　　丨 丨 业 业 业

陪
péi …데리고

陪	陪				
péi	péi				

ˊ 阝 阝 阝 阝 阵 陪 陪 陪 陪

等
děng 기다리다

等	等				
děng	děng				

ノ 亠 亠 竹 竺 竺 竺 竺 笙 笙 等 等

分
fēn 분

分	分				
fēn	fēn				

ノ 八 分 分

정답!

2. (1) ①　　(2) ②

3. (1) 8시 30분　八点三十分 / 八点半　bā diǎn sānshí fēn / bā diǎn bàn

(2) 2시 55분　两点五十五分 / 差五分三点　liǎng diǎn wǔshíwǔ fēn / chà wǔ fēn sān diǎn

(3) 4시 15분　四点十五分 / 四点一刻　sì diǎn shíwǔ fēn / sì diǎn yí kè

★누가 링링과 놀아 줄까요?

9 이것은 누구의 배드민턴 공인가요? 这是谁的羽毛球?

 귀를 쫑긋 '听 tīng'

1. 녹음을 듣고 중국어 발음을 따라해 보세요.

i ia ie iao iou
ian in iang ing

2. 다음과 같이 한어병음 표기를 연습해 보세요.

> • i → yi
>
> • ia → ya
>
> • ie → ye
>
> * 'i'가 맨 앞에 나와 있을 때, 뒤에 모음이 있으면 'i'를 'y'로 바꾸고, 'i'가 단독으로 쓰였거나 뒤에 'n, ng'가 나오면 'i'를 'yi'로 바꿉니다.

(1) iao ———— (   )

(2) ian ———— (   )

(3) in ———— (   )

(4) iang ———— (   )

(5) ing ———— (   )

 소곤소곤 '说 Shuō'

3. 그림을 보고, 무슨 운동을 좋아하는지 말해 보세요.

(1) 玲玲喜欢什么运动?
　　Língling xǐhuan shénme yùndòng?

☞ 玲玲喜欢 ⬚⬚⬚⬚⬚⬚⬚

(2) 东东喜欢什么运动?
　　Dōngdong xǐhuan shénme yùndòng?

☞ 东东喜欢 ⬚⬚⬚⬚⬚⬚⬚

(3) 小龙喜欢什么运动?
　　Xiǎolóng xǐhuan shénme yùndòng?

☞ 小龙喜欢 ⬚⬚⬚⬚⬚⬚⬚

 　足球(zúqiú)　　羽毛球(yǔmáoqiú)　　篮球(lánqiú)

35

깔깔깔라 '玩儿 wánr'

4. 변형 오목놀이 : 네모칸 안의 그림을 보고 중국어로 말하면서 그림에 동그라미를 쳐서 오목을 완성해 봐요. 그림의 이름을 중국어로 말하지 못하면 칸을 채울 수 없어요.

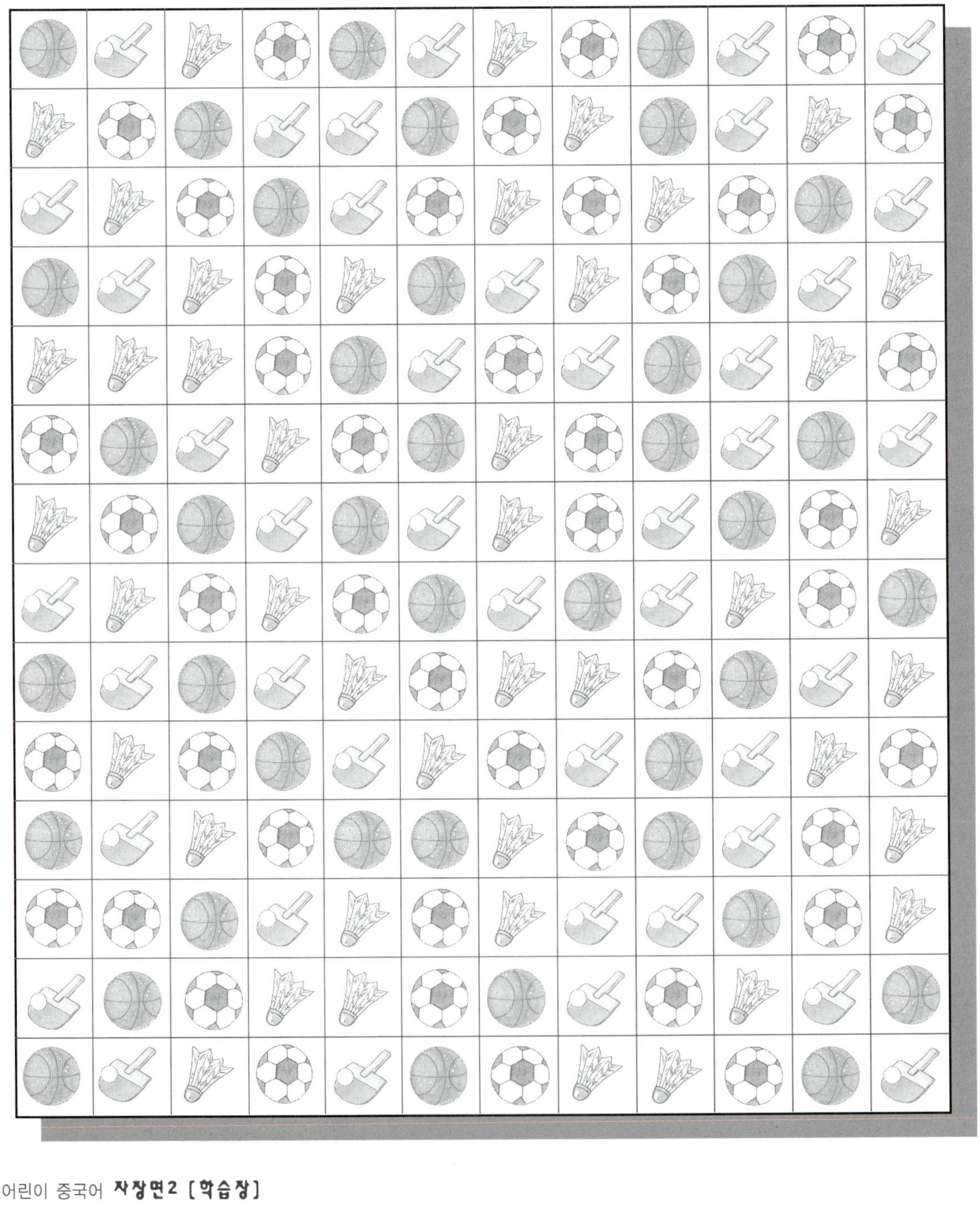

 쓱싹쓱싹 '写 xiě'

5. 중국어를 쓰는 순서에 맞게 써 보세요.

羽毛球
yǔmáoqiú 배드민턴

羽	毛	球			
yú	máo	qiú			

フ フ 习 羽 羽 羽　ノ 二 三 毛　一 二 Ｔ Ｆ Ｅ 玤 玤 球 球 球

一起
yìqǐ 함께/같이

一	起				
yì	qǐ				

一　一 十 土 ≠ ≠ ≠ 走 起 起 起

玩儿
wánr 놀다

玩	儿				
wán	ér				

一 二 Ｔ Ｆ Ｅ 玙 玩 玩　ノ 儿

10 밥 먹기 전에는 꼭 먼저 손을 씻어야 해요.

吃饭以前应该先洗手

 귀를 쫑긋 '听 tīng'

1. 녹음을 듣고 중국어 발음을 따라해 보세요.

ua uo uai uei(ui)

uan uen(un) uang ueng

2. 다음과 같이 한어병음 표기를 연습해 보세요.

• u → wu • ua → wa	* 'u' 가 맨 앞에 나와 있을 때, 뒤에 모음이 있으면 'u' 를 'w' 로 바꾸고, 'u' 가 단독으로 쓰였을 때는 'u' 를 'wu' 로 바꿉니다.

(1) ua ———— (   )

(2) uo ———— (   )

(3) uai ———— (   )

(4) uei(ui) ———— (   )

(5) uan ———— (   )

(6) uen(un) ———— (   )

(7) uang ———— (   )

(8) ueng ———— (   )

 소곤소곤 '说 Shuō'

3. 보기의 단어를 이용해서 링링과 동동이 해야 할 일을 중국어로 알려 주세요.

링링, 밥 먹기 전에 반드시 먼저 손을 씻어야 한다.

(1) 玲玲, 吃饭以前 ◯ ◯ 先 ◯ ◯ 。

Língling, chī fàn yǐqián _____ xiān _____.

동동, T.V보기 전에 반드시 먼저 숙제를 해야 한다.

(2) 东东, 看电视以前 ◯ ◯ 先 ◯ ◯ ◯ 。

Dōngdong, kàn diànshì yǐqián _____ xiān _____.

 보기

吃饭(chī fàn) 洗(xǐ)	手(shǒu) 看(diànshì)
电视(diànshì) 应该(yīnggāi)	做(zuò) 作业(zuòyè)

39

칼칼칼라 '玩儿 wánr'

4. 만화를 보고 쟈쟈와 동동이 무슨 말을 하는지 적어 봐요.

(1)

(2)

쓱싹쓱싹 '写 xiě'

5. 중국어를 쓰는 순서에 맞게 써 보세요.

吃
chī 먹다

吃	吃				
chī	chī				

ㅣ ㄲ ㅁ ㅁ' 吃 吃

饭
fàn 밥

饭	饭				
fàn	fàn				

ノ ㇏ ㇏ ㇏ ㇏ 饭 饭

应该
yīnggāi …해야 한다

应	该				
yīng	gāi				

丶 ㇐ 广 广 应 应 应   丶 ㇀ ㇑ ㇐ 讠 讠 该 该 该

手
shǒu 손

手	手				
shǒu	shǒu				

ノ ㇐ 二 三 手

2. (1) wa (2) wo (3) wai (4) wei (5) wan (6) wen (7) wang (8) weng
3. (1) 玲玲, 吃饭以前应该先洗手。   Língling, chī fàn yǐqián yīnggāi xiān xǐ shǒu.
   (2) 东东, 看电视以前应该先做作业。   Dōngdong, kàn diànshì yǐqián yīnggāi xiān zuò zuòyè.
4. (1) 洗手 xǐ shǒu   (2) 洗手 xǐ shǒu

지금 몇 시인가요? 现在几点了?

귀를 쫑긋 '听 tīng'

1. 녹음을 듣고 중국어 발음을 따라해 보세요.

ü   üe   üan   ün

2. 다음과 같이 한어병음 표기를 연습해 보세요.

> • ü → yu   *모든 'ü' 표기는 'yu'로 바뀌어야 합니다.

(1) ü   ———— (   )

(2) üe   ———— (   )

(3) üan   ———— (   )

(4) ün   ———— (   )

소곤소곤 '说 Shuō'

3. 그림에 적당한 중국어를 넣어 선생님과 쟈쟈의 대화를 완성해 보세요.

예시문장

① 你怎么才来?　*Nǐ zěnme cái lái?*

② 我睡懒觉了。　八点五十分才起床。

　　Wǒ shuì lǎn jiào le. Bā diǎn wǔshí fēn cái qǐ chuáng.

③ 对不起,老师。　*Duì bu qǐ, lǎoshī.*

④ 现在几点了?　*Xiànzài jǐ diǎn le?*

 갈갈갈라 '玩儿 wánr'

4. 시간을 맞춰라 게임 Ⅰ : 한자로 제시된 시간을 시계에 숫자로 써 넣어 보세요.

(1) 八点五十分 ●----

(2) 九点十分 ●------------------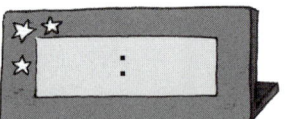

(3) 三点二十分 ●----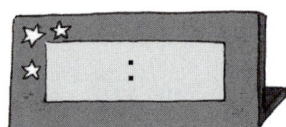

(4) 十点三十分 ●------------------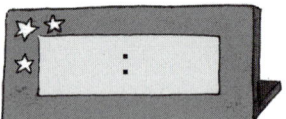

(5) 六点五分 ●----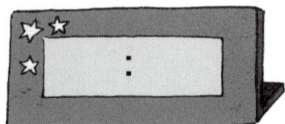

(6) 十二点 ●------------------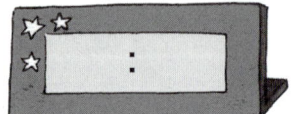

(7) 七点四十分 ●---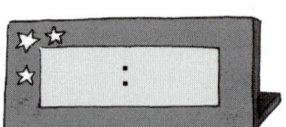

(8) 一点十分 ●------------------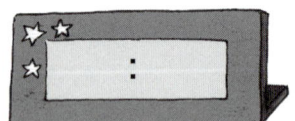

(9) 五点三十分 ●---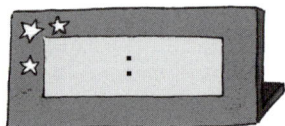

(10) 四点十五分 ●------------------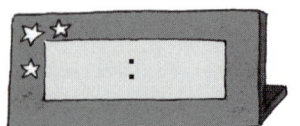

 쓱싹쓱싹 '写 xiě'

5. 중국어를 쓰는 순서에 맞게 써 보세요.

现	在				
xiàn	zài				

一 二 干 王 玎 玏 现 现　　一 ナ 才 不 存 在

起	床				
qǐ	chuáng				

一 十 土 キ キ キ 走 起 起 起　　丶 广 广 庁 庒 床 床

睡	觉				
shuì	jiào				

丨 冂 曰 目 目 目 盯 盯 盽 睡 睡 睡 睡　　丶 ` ` ` ` 学 学 常 觉 觉

 귀를 쫑긋 '听 tīng'

1. 녹음을 듣고 중국어 발음을 따라해 보세요.

ju qu xu jue que xue
juan quan xuan

2. 'u'의 발음이 나머지 하나와 다른 것을 고르세요.

① nǔlì   ② juéde   ③ xuésheng   ④ quánli

* 'j q x' 다음의 'u' 는 ü' 로 읽습니다.
* 포인트 : 'j q x + ü, üe, üan, ün' 이면, 점 두 개를 빼고 표기합니다.

 소곤소곤 '说 Shuō'

3. 동동의 하루를 중국어로 말해 보고, 아래 공책에 빈칸을 채워 보세요.

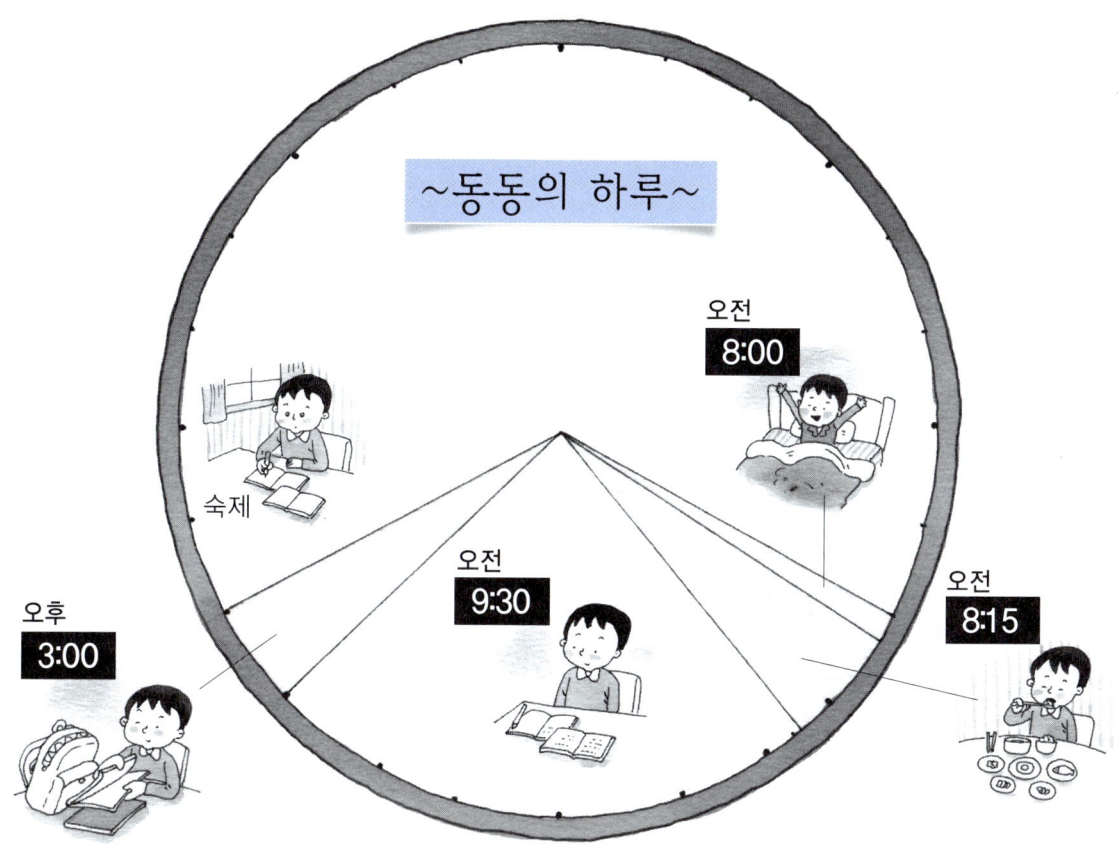

~동동의 하루~

오전 8:00

오전 8:15

오전 9:30

오후 3:00

숙제

东东每天（　）起床，八点十五分（　），八点半上学。

我们九点半开始（　），下午（　）下课。下课以后，我做作业或者跟朋友们玩儿。

 깔깔깔깔 '玩儿 wánr'

4. 시간을 맞춰라 게임 II : 한자로 제시된 시간을 시계에 바늘을 그려 표시해 보세요.

(1) 七点一刻

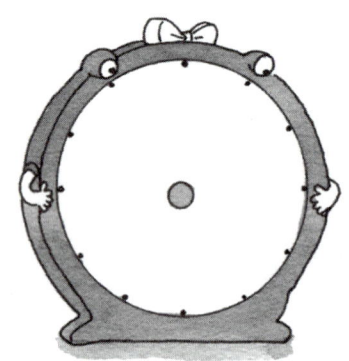

(2) 两点三刻

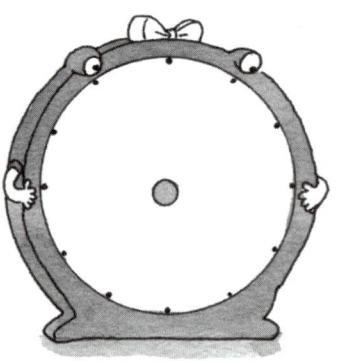

(3) 差五分十二点

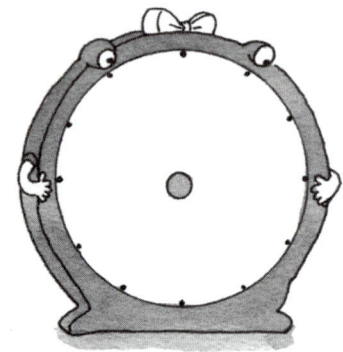

쓱싹쓱싹 '写 xiě'

5. 중국어를 쓰는 순서에 맞게 써 보세요.

小学
xiǎoxué 초등학교

小	学				
xiǎo	xué				

亅小小　丶 ＂ ＂ ＂ 兴 学 学 学

上学
shàng xué 등교하다

上	学				
shàng	xué				

丨 ﾄ 上　丶 ＂ ＂ ＂ 兴 学 学 学

开始
kāishǐ 시작하다

开	始				
kāi	shǐ				

一 二 干 开　ㄑ ㄠ 女 女 奵 始 始 始

정답!
2. ①
3. 八点，吃早饭，上课，三点
4. (1) 7시 15분　(2) 2시 45분　(3) 11시 55분

49

워크북 녹음대본

제1과

1. 녹음을 듣고 중국어 발음을 따라해 보세요.

a o e i u ü

2. 녹음을 듣고 말하는 사람이 하고 싶어하는 것을 골라 괄호에 번호를 써 보세요.

(1) 我想去公园。　　　　Wǒ xiǎng qù gōngyuán.
나는 공원에 가려고 한다.

(2) 我想去看电影。　Wǒ xiǎng qù kàn diànyǐng.
나는 영화보러 가려고 한다.

(3) 我想吃苹果。　　　　Wǒ xiǎng chī píngguǒ.
나는 사과가 먹고 싶다.

제2과

1. 녹음을 듣고 중국어 발음을 따라해 보세요.

ai ei ao ou

an ang en eng er

2. 녹음을 듣고 쟈쟈의 대답에 해당하는 그림을 고르세요.

小龙：佳佳, 你怎么回家?
　　　Jiājia, nǐ zěnme huí jiā?
　　　쟈쟈, 너는 어떻게 집에 가니?

佳佳：走路回家。
　　　Zǒulù huí jiā.
　　　나는 걸어서 집에 가.

제3과

1. 녹음을 듣고 중국어 발음을 따라해 보세요.

b p m f d t n l

2. 중국어 녹음을 듣고 단어의 발음과 성조를 표기해 보세요.

(1) 妈　　mā　　엄마

(2) 拔　　bá　　뽑다

(3) 马　　mǎ　　말

(4) 大　　dà　　크다

제4과

1. 녹음을 듣고 중국어 발음을 따라해 보세요.

g k h j q x

2. 녹음을 듣고 해당하는 곳에 V 표시를 해 보세요.

(1) 进　　jìn　　들어가다

(2) 请　　qǐng　청하다

(3) 小　　xiǎo　작다

제5과

1. 녹음을 듣고 중국어 발음을 따라해 보세요.

zh ch sh r z c s

2. 녹음을 듣고 해당하는 곳에 V 표시를 해 보세요.

(1) 吃　　chī　　먹다

(2) 这　　zhè　　이, 이것

(3) 书　　shū　　책

(4) 人　　rén　　사람

제6과

1. 녹음을 듣고 단어의 발음을 써 보세요.

   (1) 妈妈　māma　　엄마, 어머니

   (2) 爷爷　yéye　　할아버지

   (3) 奶奶　nǎinai　할머니

   (4) 爸爸　bàba　　아빠, 아버지

2. 위 단어들의 두번째 글자는 어떻게 소리가 날까요?
   다시 한번 잘 듣고 맞춰 보세요.

   妈妈　　māma　　엄마, 어머니

   爷爷　　yéye　　할아버지

   奶奶　　nǎinai　할머니

   爸爸　　bàba　　아빠, 아버지

제7과

1. 녹음을 듣고, 성조에 유의하며 중국어 발음을 따라
   해 보세요.

   • 你好　nǐ hǎo　　ní hǎo

   • 很好　hěn hǎo　hén hǎo

   • 小马　xiǎo mǎ　xiáo mǎ

   • 几点　jǐ diǎn　　jí diǎn

2. 녹음을 듣고, 성조변화가 나머지 하나와 다른 것을
   고르세요.

   (1) 很好　hěn hǎo

   (2) 好吃　hǎochī

   (3) 美好　měi hǎo

   (4) 也好　yě hǎo

제8과

1. 성조에 유의하며 중국어 발음을 따라해 보세요.

   • 很高　hěn gāo

   • 很忙　hěn máng

   • 很累　hěn lèi

   • 奶奶　nǎinai

2. 녹음을 듣고, 물음에 답하세요.

   엄마 : 东东, 你做什么?
   　　　 Dōngdong, nǐ zuò shénme?
   　　　 동동, 너 뭐 하니?

   동동 : 我看电影。
   　　　 Wǒ kàn diànyǐng.
   　　　 나는 영화 봐요.

   엄마 : 你能帮妈妈一下吗?
   　　　 Nǐ néng bāng māma yíxià ma?
   　　　 너 엄마 좀 도와줄 수 있겠니?

   동동 : 好的,等我五分钟。
   　　　 Hǎode, děng wǒ wǔ fēn zhōng.
   　　　 좋아요, 5분만 기다리세요.

   (1) 동동은 무엇을 하고 있나요?
   　 ① 看电影　kàn diànyǐng　영화보기
   　 ② 做作业　zuò zuòyè　숙제하기
   　 ③ 跟妹妹玩儿　gēn mèimei wánr
   　　 여동생과 놀기

   (2) 동동은 몇 분 후에 엄마를 도와 줄 생각인가
   　 요?

   　 ① 3분　　② 5분　　③ 10분　　④ 15분

51

워크북 녹음대본

제9과

1. 녹음을 듣고 중국어 발음을 따라해 보세요.

i ia ie iao iou

ian in iang ing

2. 다음과 같이 한어병음 표기를 연습해 보세요.

(1) iao ———— (yao)

(2) ian ———— (yan)

(3) in ———— (yin)

(4) iang ———— (yang)

(5) ing ———— (ying)

제10과

1. 녹음을 듣고 중국어 발음을 따라해 보세요.

ua uo uai uei

uan uen uang ueng

2. 다음과 같이 한어병음 표기를 연습해 보세요.

(1) ua ———— (wa)

(2) uo ———— (wo)

(3) uai ———— (wai)

(4) uei(ui) ———— (wei)

(5) uan ———— (wan)

(6) uen(un)———— (wen)

(7) uang ———— (wang)

(8) ueng ———— (weng)

제11과

1. 녹음을 듣고 중국어 발음을 따라해 보세요.

ü üe üan ün

2. 다음과 같이 한어병음 표기를 연습해 보세요.

(1) ü ———— (yu)

(2) üe ———— (yue)

(3) üan ———— (yuan)

(4) ün ———— (yun)

제12과

1. 녹음을 듣고 중국어 발음을 따라해 보세요.

ju qu xu

jue que xue

juan quan xuan

2. 'ü'의 발음이 나머지 하나와 다른 것을 고르세요.

(1) nuli

(2) juede

Memo

Memo

Memo

저자 소개

로우 시우롱(娄秀荣)
중국 동북사범대학 중국어과 졸업
심양사범대학 중국현당대문학 석사
경기도 외국어교육연수원 초빙교수
(現) 심양사범대학 국제교육학원 부교수

나민구
한국외국어대학교 중국어과 졸업
프랑스 파리제7대학 동양언어문화대학원 석사
프랑스 사회과학고등대학원(EHESS) 중국언어학 박사
(現) 수원대학교 중국어학과 교수

이종민
공주사범대학교 중국어교육과 졸업
경기도 중등중국어교육연구회 초대, 2대 회장 역임
(前) 효원고, 평택고, 안일여자종합고 중국어 교사
(現) 경기도 외국어교육연수원 교육연구사

김인용
고려대학교 중어중문학과 졸업
(前) 분당 수내고, 늘푸른고등학교 중국어 교사
(現) 수원외국어고등학교 중국어 교사

나여훈
서울교육대학교 미술교육과 졸업
서울교육대학교 교육대학원 교육학 석사
(現) 서울 남성초등학교 교사
(現) 한국초등중국어교육연구회 회장

어린이 중국어
자장면❷ [학습장]
WORKBOOK

지은이	로우 시우롱, 나민구, 이종민, 김인용, 나여훈
펴낸이	박해성

펴낸곳 ⬤ 정진출판사 jeongjinpub.co.kr
136-130
서울시 성북구 하월곡동 10-6(화랑로123-9)
전화 (02) 917-9900 팩스 (02) 917-9907
이메일 jj1461@chol.com

출판등록 1989년 12월 20일 제6-95호
Copyright ⓒ 2008 정진출판사

[비 매 품]

※이 책은 《어린이 중국어 자장면2》에 제공되는 부록입니다.

어린이 중국어

자신있게 중국어를 장악하려면~~~

자장면 ②

학습장

학교

학년 반 번

이름

Workbook